TOUS À TABLE !

BARBECUES
et grillades

ENFLAMMEZ VOS PAPILLES !

LAROUSSE

21 rue du Montparnasse 75283 Paris Cedex 06

Sommaire

BŒUF & PORC

Bavette grillée à l'orange et au piment

Pour 8 personnes
Préparation et cuisson : 35 min
Marinade : 2 à 12 h

1,5 kg de bavette de bœuf

POUR LA MARINADE
2 piments rouges
2 échalotes
le zeste de 2 oranges
2 cuill. à soupe d'huile d'olive
2 cuill. à soupe de vinaigre de vin rouge
sel et poivre du moulin

MATERIEL
barbecue

1 Essuyez le bœuf et placez-le dans un grand sac en plastique alimentaire. Épépinez et émincez les piments. Émincez les échalotes. Mélangez tous les autres ingrédients puis versez l'ensemble sur la viande dans le sac. Laissez la viande s'imbiber de marinade, puis mettez la bavette sur une assiette au réfrigérateur pendant 2 heures au moins ou une nuit entière.

2 Allumez le barbecue. Salez et poivrez la bavette, puis faites-la cuire de 8 à 10 minutes de chaque côté, jusqu'à ce que qu'elle soit bien grillée. À l'aide d'une cuillère, arrosez d'un peu de marinade en cours de cuisson.

3 Retirez la viande du barbecue et transférez-la sur une planche à découper. Recouvrez d'une feuille d'aluminium bien serrée et laissez reposer 10 minutes, puis coupez la viande en tranches, perpendiculairement au sens des fibres.

Bœuf mariné à l'échalote et au vinaigre balsamique

Pour 4 personnes
Préparation et cuisson : 30 min
Marinade : 20 min

600 g de bavette d'aloyau
ou de rumsteck

POUR LA MARINADE
2 échalotes
2 cuill. à soupe de vinaigre balsamique
sel et poivre du moulin

ACCOMPAGNEMENT
500 g de pommes de terre
250 g d'épinards
2 cuill. à soupe d'huile d'olive
sel et poivre du moulin

MATERIEL
barbecue ou gril

1 Hachez finement les échalotes et réunissez-les dans un plat profond avec le vinaigre. Déposez la bavette d'aloyau dans le plat, assaisonnez, puis laissez mariner 20 minutes.

2 Coupez les pommes de terre en rondelles et faites-les cuire dans une casserole d'eau bouillante salée de 12 à 15 minutes. Ajoutez les épinards dans la casserole, couvrez, puis prolongez la cuisson de 2 minutes. Égouttez les pommes de terre et les épinards, puis remettez-les dans la casserole avec l'huile. Assaisonnez, remuez et réservez au chaud.

3 Allumez un barbecue ou faites chauffer un gril à feu vif. Faites cuire la viande de 6 à 8 minutes de chaque côté et seulement 3 ou 4 minutes si vous utilisez du rumsteck. Réservez la viande dans une assiette chaude, couvrez-la d'une feuille d'aluminium, laissez-la reposer pendant 5 minutes, puis coupez-la en tranches fines. Répartissez-les dans quatre assiettes avec les pommes de terre et les épinards, puis arrosez d'un filet de vinaigre balsamique et d'huile d'olive.

Hamburgers de bœuf

Pour 4 personnes
Préparation et cuisson : 20 min

500 g de bœuf maigre haché

1 cuill. à café de piment doux en poudre
4 tranches de cheddar (facultatif)
sel et poivre du moulin

POUR LA GARNITURE
4 pains à hamburger
salade
tomates
concombre
cornichons
oignons rouges
mayonnaise ou ketchup

MATERIEL
barbecue ou gril

1 Réunissez la viande hachée et le piment en poudre dans un saladier, salez et poivrez. Mélangez bien avec vos mains ou à l'aide d'une fourchette, puis divisez le mélange en quatre parts pour former des steaks.

2 Allumez un barbecue ou faites chauffer un gril à feu vif. Faites cuire la viande 5 minutes de chaque côté. Pour obtenir un cheeseburger, placez une tranche de fromage sur le steak après l'avoir retourné et laissez-le fondre pendant que l'autre côté cuit.

3 Pendant ce temps, préparez la garniture de votre choix. Séparez les feuilles de salade et tranchez les tomates, le concombre, les cornichons et l'oignon. Ouvrez les pains ronds en deux et faites-les réchauffer dans un grille-pain ou sur la grille du barbecue. Tartinez les deux moitiés de pain d'un peu de mayonnaise ou de ketchup, puis garnissez d'un steak et des ingrédients de votre choix.

Steak épicé à la mexicaine

Pour 4 personnes
Préparation et cuisson : 30 min

4 rumstecks de 200 g chacun

POUR LE RIZ
1 gros oignon
400 g de haricots rouges en conserve
1 petit bouquet de coriandre
60 cl d'eau
2 cuill. à soupe d'huile d'olive
200 g de riz long grain
2 cuill. à café de mélange d'épices pour fajitas
sel et poivre du moulin

ACCOMPAGNEMENT
4 tomates bien mûres
1/2 oignon rouge
1 petit piment vert
2 cuill. à soupe de coriandre ciselée
le jus de 1 citron vert

POUR LA MARINADE
1 cuill. à soupe d'huile d'olive
2 cuill. à café de mélange d'épices pour fajitas
sel et poivre du moulin

MATERIEL
barbecue ou gril

1 Pelez l'oignon, puis émincez-le. Égouttez les haricots et rincez-les. Ciselez grossièrement la coriandre. Portez l'eau à ébullition dans une bouilloire. Faites chauffer 2 cuillerées à soupe d'huile dans une sauteuse, puis laissez dorer les oignons 3 ou 4 minutes. Incorporez le riz et 2 cuillerées à café d'épices. Prolongez la cuisson de 1 minute. Versez l'eau bouillante dans la sauteuse et saupoudrez de 1 pincée de sel, puis couvrez et laissez frémir jusqu'à ce que le riz ait absorbé presque toute l'eau. Ajoutez les haricots, mélangez et réservez au chaud.

2 Préparez la salade de tomates. Pelez les tomates, épépinez-les et détaillez-les en dés. Épluchez le demi-oignon, épépinez le piment, puis émincez le tout. Réunissez l'ensemble dans un saladier, incorporez la coriandre, le jus de citron et réservez.

3 Badigeonnez les rumstecks du reste d'huile et de mélange d'épices, puis assaisonnez. Allumez un barbecue ou faites chauffer un gril à feu vif. Faites revenir la viande jusqu'à ce qu'elle soit cuite selon votre goût. Incorporez la coriandre au riz, puis servez aussitôt avec la viande et la salade de tomates.

Bœuf teriyaki et salade au fenouil

Pour 4 personnes
Préparation et cuisson : 20 min
Marinade : 10 à 15 min

4 biftecks d'aloyau ou rumstecks de 125 g chacun

POUR LA MARINADE
2 cuill. à soupe de sauce soja pauvre en sel
1 cuill. à soupe de vinaigre de vin rouge
1 cuill. à café de miel liquide
1 citron vert

POUR LA SALADE AU FENOUIL
1 grosse carotte
1 bulbe de fenouil
1 oignon rouge
1 poignée de coriandre

MATERIEL
barbecue ou gril

1 Dans un plat creux, mélangez la sauce soja avec le vinaigre et le miel. Ajoutez la viande, puis laissez-la mariner de 10 à 15 minutes.

2 Préparez la salade au fenouil. Râpez la carotte, le fenouil et l'oignon, puis réunissez le tout dans un saladier. Ajoutez la coriandre, mélangez et réservez au frais.

3 Allumez un barbecue ou faites chauffer un gril à feu vif. Retirez les biftecks de la marinade en réservant la sauce, puis faites-les griller de 3 à 5 minutes de chaque côté en fonction de leur épaisseur et du degré de cuisson souhaité. Réservez les biftecks dans une assiette. Versez le reste de la marinade sur le gril (si vous en utilisez un), puis laissez bouillonner jusqu'à ce que la sauce épaississe.

4 Pressez le citron et versez le jus sur la salade au fenouil. Répartissez-la dans quatre assiettes, puis ajoutez les biftecks. Nappez-les de sauce et servez.

Bœuf à l'ail

Pour 4 personnes
Préparation et cuisson : 25 min
Marinade : 3h minimum

600 g de hampe de bœuf

POUR LA MARINADE
1 cuill. à soupe de grains de poivre
6 gousses d'ail
4 cuill. à soupe de vinaigre de vin rouge
sel

ACCOMPAGNEMENT
frites
moutarde à l'ancienne

MATERIEL
barbecue ou gril

1 Dans un mortier, réunissez les grains de poivre, l'ail et 1 pincée de sel. Pilez le tout jusqu'à l'obtention d'une pâte presque lisse, puis incorporez le vinaigre à la préparation. Mettez la viande dans un plat non métallique, étalez la pâte dessus et réservez-la au réfrigérateur pendant au moins 3 heures.

2 Allumez un barbecue ou faites chauffer un gril à feu vif. Essuyez la viande, puis salez-la légèrement et mettez-la à griller 5 minutes de chaque côté.

3 Disposez la viande sur une planche à découper et laissez-la reposer 5 minutes. Coupez le bœuf en tranches, puis servez-les avec des frites et de la moutarde à l'ancienne.

Steaks fondants, sauce parfumée au beurre

Pour 2 personnes
Préparation et cuisson : 15 min

2 steaks dans le faux-filet

POUR LA SAUCE AU BEURRE
250 g de beurre mou
1 échalote hachée
2 cuill. à café de vinaigre de vin blanc
1 petite poignée d'estragon haché

ACCOMPAGNEMENT
2 poignées de feuilles de salade

MATERIEL
barbecue ou gril

1 Dans un saladier, mettez ensemble le beurre, l'échalote, le vinaigre et l'estragon haché et réduisez-les en purée. Faites-en une sorte de boudin, enveloppez-le dans du film alimentaire et réfrigérez-le jusqu'à ce qu'il soit bien ferme.

2 Allumez un barbecue ou faites chauffer un gril à feu vif. Saisissez les steaks salés et poivrés, 2 minutes de chaque côté pour une viande saignante, ou 3 minutes pour une cuisson à point. Couvrez et laissez reposer 2 minutes hors du feu. Déposez dessus une tranche du beurre aux herbes préparé précédemment. (Réfrigérez le reste pour l'utiliser une autre fois.) Servez avec quelques feuilles de salade.

Faux-filet et pommes pont-neuf

Pour 2 personnes
Préparation et cuisson : 1 h

2 tranches épaisses de faux-filet

500 g de grosses pommes de terre (type bintje)
2 cuill. à soupe d'huile d'olive + un peu pour badigeonner
sel et poivre du moulin

POUR LA SAUCE AU RAIFORT
100 g de crème fraîche
1 ou 2 cuill. à soupe de raifort
2 cuill. à soupe de ciboulette hachée

ACCOMPAGNEMENT
salade verte

MATERIEL
barbecue ou gril

1 Préchauffez le four à 200 °C (therm. 6-7). Coupez les pommes de terre en grosses frites sans les peler et épongez-les avec du papier absorbant. Répartissez-les dans un plat à rôtir, arrosez-les d'huile d'olive et remuez pour bien les enrober. Poivrez. Enfournez et faites cuire de 40 à 45 minutes en remuant à mi-cuisson.

2 Préparez la sauce au raifort. Mélangez la crème fraîche, le raifort et la moitié de la ciboulette. Salez et poivrez si nécessaire.

3 Allumez un barbecue ou faites chauffer un gril à feu vif. Salez et poivrez les faux-filets, puis badigeonnez-les d'huile d'olive. Lorsque les frites sont presque cuites, faites griller la viande 2 ou 3 minutes sur chaque face, selon son épaisseur et le degré de cuisson souhaité. Servez avec les frites salées et la sauce au raifort. Accompagnez d'une salade verte garnie de ciboulette hachée.

Brochettes de porc à la provençale

Pour 4 personnes
Préparation et cuisson : 15 à 20 min
Marinade : 10 min

600 g de filet mignon de porc

1 botte d'oignons nouveaux

POUR LA MARINADE
2 cuill. à café d'herbes de Provence
le jus et le zeste de 1 citron
1 cuill. à soupe de miel liquide
1 cuill. à soupe d'huile d'olive
sel et poivre du moulin

MATERIEL
barbecue ou gril

1 Coupez le filet mignon en cubes réguliers. Préparez les petits oignons en laissant 2 cm de tige.

2 Mélangez les herbes de Provence, le jus et le zeste de citron, le miel, l'huile d'olive avec un peu de sel et de poivre dans un plat creux. Mettez la viande dans cette marinade et remuez plusieurs fois pour bien enrober les morceaux. Laissez reposer 10 minutes.

3 Enfilez les cubes de porc et les petits oignons sur huit piques à brochette, en les alternant. Allumez un barbecue ou faites chauffer un gril à feu vif. Faites griller les brochettes de 6 à 8 minutes, en les retournant de temps en temps. Servez bien chaud, avec une salade de tomates en accompagnement, si vous le souhaitez.

Brochettes de porc et de champignons

Pour 4 personnes
Préparation et cuisson : 30 min

400 g de filet de porc maigre

POUR LA MARINADE
1 cuill. à café de pâte de curry thaï
1 cuill. à café de sucre roux
250 g de yaourt nature allégé

ACCOMPAGNEMENT
200 g de riz basmati
300 g de champignons de Paris
2 oignons nouveaux
1 morceau de gingembre de 2 cm
100 g de pois gourmands
1 cuill. à soupe d'huile de tournesol
175 g de maïs, surgelé ou en conserve
1 bonne pincée de paprika
quartiers de citron vert

MATERIEL
barbecue ou gril

1 Alllumez un barbecue ou préchauffez un gril à feu vif. Faites tremper 8 piques à brochettes en bois dans de l'eau. Faites cuire le riz dans une grande casserole d'eau bouillante salée, égouttez-le et laissez-le refroidir.

2 Dans un grand saladier, mélangez la pâte de curry, le sucre et la moitié du yaourt. Coupez le porc en dés, puis transférez-les dans le saladier avec les champignons. Mélangez le tout, puis enfilez les dés de porc et les champignons sur les piques en alternant.

3 Allumez un barbecue ou faites chauffer un gril à feu vif. Faites cuire les brochettes de 6 à 8 minutes, en les retournant à mi-cuisson. Pendant ce temps, hachez finement les oignons et le gingembre, puis coupez les pois gourmands en lamelles. Mettez l'huile à chauffer dans un wok. Faites-y revenir brièvement les oignons et le gingembre. Ajoutez le riz, les pois gourmands, le maïs et le paprika, puis faites sauter le tout pendant 3 minutes. Répartissez le riz et les brochettes dans quatre assiettes avec le reste du yaourt et quelques quartiers de citron.

Brochettes de porc aux pêches

Pour 4 personnes
Préparation et cuisson : 25 à 30 min

500 g de filet de porc maigre

2 pêches

POUR LA MARINADE
1 citron
2 cuill. à soupe de miel clair

ACCOMPAGNEMENT
2 sucrines
100 g de cresson
2 cuill. à soupe d'huile d'olive
1 cuill. à café de moutarde de Dijon
sel et poivre du moulin

MATERIEL
barbecue

1 Faites tremper huit piques à brochettes en bois pendant 20 à 30 minutes dans l'eau froide. Coupez le filet de porc en dés épais. Ouvrez les pêches en deux, dénoyautez-les, puis coupez-les en morceaux. Râpez le zeste de la moitié du citron, puis pressez-en le jus.

2 Réservez 1 cuillerée à soupe du jus de citron, puis mélangez le reste avec le zeste et le miel. Enfilez les dés de porc et les morceaux de pêche sur les piques en alternant. Badigeonnez les brochettes de miel et du mélange de citron, puis faites-les cuire de 10 à 12 minutes au barbecue, en les retournant régulièrement.

3 Pendant ce temps, séparez les feuilles de sucrine et mélangez-les avec le cresson. Battez au fouet le jus de citron réservé avec l'huile d'olive, la moutarde, un peu de sel et de poivre. Versez sur la salade et mélangez bien. Servez avec les brochettes.

Côtes de porc au piment et salade de chou

Pour 4 personnes
Préparation et cuisson : 30 min
Marinade : 10 min

4 grosses côtes de porc (ou 8 petites)

POUR LA MARINADE
2 cuill. à café de piment doux en poudre
3 cuill. à soupe de sucre en poudre
10 cl d'huile d'olive
sel et poivre du moulin

POUR LA SALADE
3 cuill. à soupe de vinaigre de cidre
1/2 cuill. à café de graines de moutarde
1 petit chou rouge ou vert
(ou un mélange des deux)
1 oignon rouge
sel et poivre du moulin

MATERIEL
barbecue ou gril

1 Saupoudrez les 2 faces des côtes de porc avec le piment et 1 cuillerée à soupe de sucre en poudre, puis badigeonnez-les avec 1 cuillerée à soupe d'huile d'olive. Salez et poivrez. Laissez mariner 10 mintutes.

2 Dans une petite casserole, faites chauffer le reste du sucre et de l'huile d'olive avec le vinaigre, la moutarde, du sel et du poivre, jusqu'à ce que le sucre ait fondu. Faites cuire 1 ou 2 minutes, puis sortez du feu et laissez refroidir.

3 Découpez le chou en lamelles et l'oignon en rondelles. Mettez ces légumes dans un saladier. Versez dessus la sauce tiède et mélangez. Allumez un barbecue ou faites chauffer un gril à feu vif Faites cuire les côtes de porc 5 minutes de chaque côté. Servez avec la salade de chou.

Travers de porc glacés et salade de maïs

Pour 4 personnes
Préparation et cuisson : 30 min

travers de porc (12 côtes)

POUR LA MARINADE
15 cl de sauce barbecue

POUR LA SALADE
340 g de maïs en conserve
1/2 concombre
1/2 citron vert
1 piment rouge
1/2 oignon rouge
sel et poivre du moulin

ACCOMPAGNEMENT
1/2 citron vert

MATERIEL
barbecue ou gril

1 Allumez un barbecue ou faites chauffer un gril à feu vif. Mettez les côtes de porc dans une grande casserole d'eau et faites-les mijoter pendant 15 minutes à feu doux. Égouttez-les, épongez-les à l'aide de papier absorbant et disposez-les dans un plat à rôtir. Enrobez-les de sauce barbecue, puis faites les cuire au barbecue ou au gril 10 minutes, en les retournant à mi-cuisson.

2 Pendant ce temps, préparez la salade. Égouttez le maïs, rincez-le, coupez le demi-concombre en dés et pressez le demi-citron vert. Épépinez le piment et hachez-le avec le demi-oignon rouge. Dans un grand saladier, réunissez le maïs, le concombre, le piment et le demi-oignon. Ajoutez le jus du citron vert, puis assaisonnez et mélangez le tout délicatement.

3 Répartissez le porc dans quatre assiettes. Coupez le demi-citron vert restant en quartiers et disposez-les sur les assiettes avec la salade.

Côtes de porc grillées et salsa aux mangues

Pour 2 personnes
Préparation et cuisson : 15 min

2 côtes de porc épaisses

POUR LA MARINADE
1 cuill. à soupe de piment en poudre
1/2 cuill. à café de sel
1/2 cuill. à café de sucre
2 cuill. à soupe d'huile d'olive

POUR LA SALSA
1 grosse mangue
1 grosse tomate
1 bouquet de coriandre
le jus de 1 citron vert
sel

ACCOMPAGNEMENT
1 citron vert
roquette

MATERIEL
barbecue ou gril

1 Dans un bol, mélangez le piment, le sel et le sucre avec l'huile d'olive et frottez-en les 2 côtés des côtes de porc.

2 Allumez un barbecue ou faites chauffer un gril à feu vif. Faites-y cuire les côtes de porc de 10 à 15 minutes (selon l'épaisseur des côtes de porc) en les retournant à mi-cuisson. Coupez le citron vert en deux et faites griller les moitiés de ce dernier pour qu'elles caramélisent.

3 Préparez la salsa : coupez la mangue et la tomate en dés, hachez la coriandre et mélangez ces ingrédients dans un petit saladier avec le jus de citron vert ; salez.

4 Servez la viande avec les moitiés de citron vert grillées, de la roquette, et la salsa aux mangues.

Grillades de porc au citron

Pour 8 personnes
Préparation et cuisson : 40 à 50 min
Marinade : 10 min minimum

3 filets mignons de porc
de 350 g à 450 g chacun

POUR LA MARINADE
85 g de jambon cru
le jus et le zeste de 3 citrons
3 cuill. à soupe de branches
de sauge fraîches
huile d'olive
50 g de beurre très froid

ACCOMPAGNEMENT
quelques feuilles de sauge

MATERIEL
barbecue

1 Mettez le jambon cru dans le bol d'un robot avec le zeste des citrons et la moitié du jus. Ciselez la sauge, et ajoutez-la dans le bol. Mixez le tout pour obtenir une pâte épaisse. Réservez le reste de jus de citron.

2 Incisez les filets mignons de porc dans l'épaisseur, sur toute leur longueur sans les couper entièrement et ouvrez-les en deux. Aplatissez-les légèrement. Pratiquez une dizaine d'incisions profondes sur chaque morceau. Enduisez la surface de la viande de pâte à base de citron, en la faisant bien pénétrer dans les fentes. Laissez mariner au moins 10 minutes.

3 Allumez un barbecue. Badigeonnez les filets mignons d'huile d'olive avec un pinceau et posez-les sur la grille du barbecue, en plaçant d'abord le côté citronné vers le bas. Faites griller de 6 à 8 minutes de chaque côté, jusqu'à ce que la viande soit cuite à cœur. Mettez les grillades sur un plat chaud. Coupez le beurre en lamelles, répartissez-les sur la viande et laissez-les fondre. Arrosez avec le reste du jus de citron et décorez avec quelques brins de sauge. Coupez en tranches épaisses et servez.

Hamburgers de porc au bleu

Pour 4 personnes
Préparation et cuisson : 35 min

6 saucisses de porc

50 g de chapelure
4 cuill. à soupe de chutney d'oignons caramélisés
10 feuilles de sauge fraîches ciselées
50 g de bleu

ACCOMPAGNEMENT
4 pains ronds à hamburger
quelques feuilles de salade
rondelles de tomate

MATERIEL
barbecue ou gril

1 À l'aide de ciseaux, coupez la peau des saucisses et extrayez la chair dans un saladier. Jetez le boyau. Ajoutez la chapelure, 2 cuillerées à soupe de chutney et la sauge, puis mélangez bien avec vos mains.

2 Divisez le mélange en quatre parts, coupez le bleu en quatre morceaux, formez des steaks en incorporant un morceau de fromage au milieu de chacun d'eux. Veillez à ce que le fromage soit bien entouré de viande pour ne pas qu'il coule en cours de cuisson.

2 Allumez un barbecue. Faites griller les steaks 10 minutes de chaque côté, jusqu'à ce qu'ils soient bien cuits. Ouvrez chaque pain à hamburger en deux et garnissez-le de feuilles de salade, d'une rondelle de tomate, d'un steak et du reste de chutney.

Porc épicé et salade de nouilles asiatiques

Pour 4 personnes
Préparation et cuisson : 20 à 25 min
Marinade : 20 min

4 côtes de porc

POUR LA MARINADE
1/2 piment rouge
1 cuill. à café de citronnelle en poudre diluée avec un peu d'huile
1 cuill. à café de gingembre fraîchement râpé
1 cuill. à café d'huile de tournesol
1 cuill. à soupe de sauce à base de poisson

POUR LA SALADE
200 g de fines nouilles de riz
2 cuill. à soupe de sauce au poisson
le zeste et le jus de 1 citron vert
1/2 cuill. à café de sucre en poudre
1/2 concombre
1 poignée de feuilles de menthe fraîche

MATERIEL
barbecue ou gril

1 Préparez la marinade. Épépinez et émincez le piment. Mélangez la citronnelle, le gingembre, le piment, l'huile et la sauce à base de poisson. Retournez les côtes de porc dans cette préparation et laissez mariner pendant que vous préparez la suite.

2 Préparez la salade. Faites cuire les nouilles. Égouttez-les, rincez-les sous l'eau froide, puis égouttez-les de nouveau et transférez-les dans un saladier. Dans un bol, battez au fouet la sauce à base de poisson avec le zeste et le jus de citron vert et le sucre en poudre. Versez cette préparation sur les nouilles froides. Épépinez et tranchez le concombre en fines rondelles, et ajoutez-les aux nouilles avec la menthe ciselée.

3 Allumez un barbecue ou faites chauffer un gril à feu vif. Faites cuire les côtes de porc 5 minutes de chaque côté. Servez avec la salade de nouilles.

Porc et purée de haricots blancs

Pour 1 personne
Préparation et cuisson : 20 min

1 tranche de porc

POUR LA PURÉE
12,5 cl de bouillon de légumes
1 cuill. à soupe de feuilles de coriandre
1 gousse d'ail
1 petit oignon ou 1 échalote
1 cuill. à soupe d'huile d'olive
410 g de haricots blancs en conserve
sel et poivre du moulin

MATERIEL
barbecue ou gril

1 Allumez un barbecue ou faites chauffer un gril à feu vif. Faites cuire la tranche de porc de 12 à 15 minutes, en la retournant une fois en cours de cuisson.

2 Pendant ce temps, préparez la purée de haricots : réchauffez ou reconstituez le bouillon et ciselez la coriandre. Pelez l'ail et l'oignon, puis émincez-les. Faites chauffer l'huile dans une grande poêle, mettez l'oignon à revenir 5 minutes, puis l'ail pendant 1 minute. Ajoutez les haricots et le bouillon, remuez, puis laissez mijoter 5 minutes à feu doux.

3 Écrasez grossièrement les haricots à l'aide d'une fourchette ou d'un presse-purée, salez, poivrez, puis incorporez la coriandre. Servez le porc accompagné de cette purée.

Porc laqué

Pour 4 personnes
Préparation et cuisson : 15 min
Marinade : 20 min

4 côtes de porc

POUR LA MARINADE
1 orange
3 cuill. à soupe de miel liquide
2 cuill. à café de cinq-épices (cannelle, graines de fenouil, anis étoilé, poivre, clous de girofle à parts égales)

ACCOMPAGNEMENT
4 choux chinois pak-choï

MATERIEL
barbecue ou gril

1 Lavez les choux chinois et coupez-les en deux dans le sens de la hauteur.

2 Préparez la marinade : pressez l'orange, versez le miel et le cinq-épices dans un petit bol, puis délayez le tout avec un peu de jus d'orange. Enduisez la viande de cette préparation puis laissez-la mariner 20 minutes.

3 Allumez un barbecue ou faites chauffer un gril à feu vif. Faites cuire les tranches ou les côtes de porc 4 ou 5 minutes de chaque côté, jusqu'à ce qu'elles soient parfaitement cuites, en les badigeonnant du reste de marinade en cours de cuisson.

4 Faites cuire les morceaux de chou à la vapeur pendant 2 minutes, jusqu'à ce que les feuilles soient flétries.

AGNEAU

Côtelettes d'agneau grillées au paprika fumé

Pour 4 personnes
Préparation et cuisson : 30 min
Marinade : 10 min

4 (ou 8) côtelettes d'agneau

POUR LA MARINADE
1 oignon rouge
20 g de feuilles de menthe
20 g de persil plat
2 cuill. à café de paprika fumé
3 cuill. à soupe de vinaigre de vin rouge
3 cuill. à soupe d'huile d'olive

ACCOMPAGNEMENT
8 dattes
2 citrons non traités
200 g de semoule de couscous
5 cuill. à soupe de pignons de pin grillés
sel et poivre du moulin

MATERIEL
barbecue ou gril

1 Allumez un barbecue ou faites chauffer un gril à feu vif. Hachez finement l'oignon et grossièrement la menthe et le persil. Mettez les côtelettes dans un saladier. Ajoutez le paprika, la moitié de l'oignon, 1 cuillerée à soupe de vinaigre et 1/2 cuillerée à soupe d'huile d'olive. Assaisonnez et laissez mariner.

2 Pendant ce temps, dénoyautez les dattes et hachez-les. Prélevez le zeste des citrons, détaillez-le en lamelles, puis pressez les fruits. Dans un saladier résistant à la chaleur, mélangez la semoule avec les pignons de pin, les dattes, le zeste et la moitié du jus de citron. Portez à ébullition 15 cl d'eau, versez-la sur la semoule, couvrez et laissez gonfler 10 minutes.

3 Retirez les côtelettes de la marinade, faites-les cuire 2 ou 3 minutes de chaque côté, puis enveloppez-les dans une feuille d'aluminium et réservez-les. Incorporez la moitié de la menthe et du persil à la semoule. Assaisonnez, puis arrosez avec le reste du jus de citron. Dans un bol, mélangez le reste des fines herbes, de l'oignon, du vinaigre et de l'huile, assaisonnez et servez les côtelettes avec la semoule et la vinaigrette.

Côtelettes d'agneau aux poivrons

Pour 4 personnes
Préparation et cuisson : 30 min
Marinade : 20 min

12 côtelettes d'agneau

POUR LA MARINADE
1 cuill. à café de piment de Cayenne
1/2 cuill. à café d'ail haché
1 cuill. à café de paprika
1 cuill. à café de poivre blanc moulu
1 cuill. à café de thym séché moulu
sel

ACCOMPAGNEMENT
2 gros oignons rouges
2 poivrons rouges
1 bouquet de persil plat
quartiers de citron

MATERIEL
barbecue

1 Dans un saladier, mélangez le beurre et les épices. Salez, puis badigeonnez généreusement les 2 côtés des côtelettes de cette mixture. Laissez-les macérer dans le saladier au moins 20 minutes.

2 Coupez les oignons en gros quartiers et les poivrons en grosses lamelles. Dans une poêle, faites-les griller jusqu'à ce qu'ils soient tendres et qu'ils commencent à noircir aux extrémités.

3 Allumez un barbecue. Faites cuire les côtelettes 2 ou 3 minutes de chaque côté pour une cuisson à point. Servez avec les légumes saupoudrés de persil, avec les quartiers de citron à côté.

Souvlaki d'agneau au citron et à l'aneth

Pour 4 personnes
Préparation et cuisson : 30 min
Marinade : 20 min

700 g d'agneau maigre
(filet ou épaule désossée)

POUR LA MARINADE
2 gousses d'ail
2 cuill. à café de gros sel
4 cuill. à soupe d'huile d'olive
le zeste et le jus de 1 citron non traité
1 cuill. à soupe d'aneth ciselée

ACCOMPAGNEMENT
pains pitas
salade grecque
tzatziki

MATERIEL
barbecue ou gril

1 Préparez la marinade. Pelez l'ail et hachez-le, puis écrasez-le avec le gros sel dans un mortier ou dans un petit robot, jusqu'à l'obtention d'une pâte homogène. Dans un bol, fouettez ensemble l'huile, le jus et le zeste de citron, l'aneth et le sel aillé. Versez la moitié de la marinade dans un grand saladier.

2 Allumez un barbecue ou faites chauffer un gril à feu vif. Coupez la viande en gros dés et mélangez-les soigneusement à la marinade dans le saladier. Laissez reposer 20 minutes

3 Enfilez les morceaux de viande sur des piques à brochettes en bois et faites-les cuire 2 ou 3 minutes de chaque côté. Arrosez-les du reste de marinade. Réchauffez les pains pitas quelques minutes, puis garnissez-les de viande. Servez avec de la salade grecque et du tzatziki.

Agneau à la sauce barbecue

Pour 4 personnes
Préparation et cuisson : 25 min

4 tranches de gigot d'agneau

POUR LA SAUCE
1 cuill. à soupe d'huile de tournesol
1 oignon
15 cl de ketchup
3 cuill. à soupe de Worcestershire sauce
2 cuill. à soupe de cassonade
2 cuill. à soupe de vinaigre de vin
sel et poivre du moulin

ACCOMPAGNEMENT
salade verte
pommes de terre sautées

MATERIEL
barbecue ou gril

1 Préparez la salade ou les pommes de terre prévues comme accompagnement. Enduisez les tranches de viande d'huile, des deux côtés, et assaisonnez-les de sel et de poivre du moulin.

2 Préparez la sauce : faites chauffer l'huile dans une petite poêle, pelez et émincez l'oignon et faites-le blondir 10 minutes à feu doux. Ajoutez les autres ingrédients, et laissez le tout mijoter 5 minutes à feu doux en remuant, jusqu'à ce que la sauce soit onctueuse.

3 Allumez un barbecue ou faites chauffer un gril à feu vif. Faites griller la viande 3 ou 4 minutes de chaque côté, jusqu'à ce qu'elle soit cuite à votre goût. Servez accompagné de la sauce que vous avez préparée, avec de la salade ou des pommes de terre sautées.

Côtelettes d'agneau et lentilles à la feta

Pour 4 personnes
Préparation et cuisson : 20 min

8 côtelettes d'agneau

ACCOMPAGNEMENT
300 g de petits pois surgelés
200 g de feta allégée
1 petit bouquet de menthe fraîche
800 g de lentilles vertes en conserve
4 cuill. à soupe de vinaigre de vin blanc
2 cuill. à soupe de sucre en poudre
1 cuill. à café d'huile d'olive
sel et poivre du moulin

MATERIEL
barbecue ou gril

1 Faites cuire les petits pois dans de l'eau bouillante pendant 3 ou 4 minutes, puis égouttez-les. Émiettez la feta, hachez grossièrement la menthe, puis égouttez les lentilles et rincez-les. Versez ces dernières dans un saladier, puis ajoutez le vinaigre, le sucre et la menthe. Parsemez de feta, assaisonnez généreusement et mélangez délicatement le tout.

2 Allumez un barbecue ou faites chauffer un gril à feu vif. Huilez légèrement les côtelettes, assaisonnez-les, puis faites-les cuire 4 minutes de chaque côté, jusqu'à ce qu'elles soient brunes à l'extérieur et roses à l'intérieur.

3 Répartissez la salade de lentilles dans quatre assiettes creuses. Ajoutez 2 côtelettes dans chaque assiette et servez.

Agneau au houmous et salade de lentilles

Pour 4 personnes
Préparation et cuisson : 20 min

8 côtelettes d'agneau

410 g de lentilles du Puy en conserve
175 g de poivrons grillés en bocal
100 g de jeunes pousses d'épinards
sel et poivre du moulin

POUR LE HOUMOUS
800 g de pois chiches en conserve
50 g de feta
1 cuill. à soupe d'huile d'olive
sel et poivre du moulin

POUR LA SAUCE
2 cuill. à soupe d'huile d'olive
2 cuill. à soupe de jus de citron
2 cuill. à café de moutarde

ACCOMPAGNEMENT
pains pitas

MATERIEL
barbecue ou gril

1 Dans un saladier, mélangez les lentilles, les poivrons et les épinards. Dans un bol, préparez la sauce : mélangez l'huile, le jus de citron et la moutarde, puis versez cet assaisonnement sur les légumes.

2 Versez les pois chiches dans une passoire. Arrosez-les d'eau bouillante pour les réchauffer, puis mixez-les dans un robot avec le reste d'huile et la moitié de la feta. Ajoutez quelques cuillerées d'eau pour assouplir le mélange, assaisonnez.

3 Allumez un barbecue ou faites chauffer un gril à feu vif. Salez légèrement les côtelettes et poivrez-les généreusement. Faites-les cuire 3 minutes de chaque côté. Couvrez-les de 1 cuillerée de houmous sur une face, et remettez-les sur le barbecue ou le gril quelques minutes.

4 Servez la viande accompagnée de la salade de lentilles, d'un petit bol de houmous s'il vous en reste, et de pain pita grillé.

Agneau grillé et petits pois à la feta

Pour 4 personnes
Préparation et cuisson : 15 min

4 tranches de gigot d'agneau

ACCOMPAGNEMENT
300 g de petits pois surgelés
3 cuill. à soupe d'huile d'olive
le zeste râpé et le jus de 1 citron
100 g de feta
1 petite poignée de feuilles de menthe fraîche
2 oignons blancs
sel et poivre du moulin

MATERIEL
barbecue ou gril

1 Allumez un barbecue ou faites chauffer un gril à feu vif. Assaisonnez les tranches d'agneau, puis faites-les cuire 3 ou 4 minutes de chaque côté.

2 Pendant ce temps, faites cuire les petits pois 2 minutes dans une grande casserole d'eau bouillante, jusqu'à ce qu'ils soient tendres. Égouttez-les, puis versez-les dans un saladier avec l'huile d'olive, le zeste et le jus de citron.

3 Émiettez la feta, ciselez grossièrement la menthe puis émincez les oignons. Incorporez la feta, la menthe et les oignons aux petits pois en mélangeant, puis assaisonnez à votre convenance. Servez cette salade de petits pois chauds avec les tranches de gigot grillées.

Brochettes d'agneau au piment

Pour 4 personnes
Préparation et cuisson : 30 min
Marinade : 12 h

700 g d'agneau désossé

POUR LA MARINADE
1 bouquet de feuilles de menthe
1 piment rouge
3 cuill. à soupe d'huile d'olive
2 oignons rouges
150 g de yaourt nature
sel et poivre du moulin

ACCOMPAGNEMENT
salade verte
pommes de terre nouvelles

MATERIEL
barbecue ou gril

1 La veille, coupez l'agneau en gros cubes. Ciselez la menthe et mettez-en une moitié dans un saladier, l'autre dans un bol. Épépinez et hachez finement le piment, puis ajoutez-en une moitié dans le saladier, l'autre dans le bol.

2 Versez l'huile d'olive dans le saladier, salez et poivrez. Ajoutez la viande et remuez pour l'enrober complètement de marinade. Pelez les oignons et hachez finement la moitié d'un. Ajoutez-le dans le bol avec le yaourt. Salez, poivrez, mélangez bien et mettez au frais jusqu'au moment de servir (vous pouvez le conserver jusqu'à 24 heures).

3 Le lendemain, allumez un barbecue ou faites chauffer un gril à feu vif. Coupez les oignons restant en quartiers et séparez les différentes lamelles. Enfilez la viande sur quatre piques en les séparant par des lamelles d'oignon. (Si vous utilisez des piques en bois, faites-les tremper au préalable de 15 à 20 minutes dans de l'eau pour éviter qu'elles ne brûlent.) Faites cuire les brochettes uniformément de 6 à 8 minutes. Servez avec le yaourt à la menthe, une salade verte et des pommes de terre.

Côtelettes d'agneau au citron et salade grecque

Pour 2 personnes
Préparation et cuisson : 25 min
Marinade : 5 min

6 petites côtes d'agneau

POUR LA MARINADE
le zeste et le jus de 1 citron
1 cuill. à café d'origan séché
1 grosse gousse d'ail pilée
3 cuill. à soupe d'huile d'olive
sel et poivre du moulin

POUR LA SALADE
1 poignée de tomates cerises
1/4 de concombre
50 g de feta
2 cuill. à soupe d'olives mélangées dans l'huile
1 poignée de jeunes pousses d'épinard
sel et poivre du moulin

MATERIEL
barbecue ou gril

1 Dans un bol, mettez ensemble le zeste de citron, l'origan, l'ail pilé et 1 cuillerée à soupe d'huile d'olive. Salez et poivrez le mélange, puis badigeonnez-en les côtelettes et laissez-les macérer 5 minutes dans un plat creux.

2 Coupez les tomates cerises en deux et le concombre et la feta en dés. Dans un saladier, mélangez délicatement les tomates cerises, le concombre, la feta et les olives avec 1 cuillerée à soupe du jus de citron et le reste de l'huile d'olive.

3 Allumez un barbecue ou faites chauffer un gril à feu vif. Faites cuire les côtelettes 2 ou 3 minutes de chaque côté. Servez chaud avec la salade grecque et quelques jeunes pousses d'épinard.

Côtelettes d'agneau et purée de petits pois

Pour 2 personnes
Préparation et cuisson : 20 min
Marinade : 20 min

6 côtelettes d'agneau

POUR LA MARINADE
2 cuill. à soupe de vinaigre balsamique
2 cuill. à soupe d'huile d'olive
1/2 bouquet de menthe
sel et poivre du moulin

POUR LA PURÉE
300 g de petits pois surgelés
1/2 bouquet de menthe
1 cuill. à soupe de vinaigre balsamique
3 cuill. à soupe d'huile d'olive
2 cuill. à soupe de parmesan râpé
sel et poivre du moulin

MATERIEL
barbecue ou gril

1 Dans un plat creux, mettez à mariner les côtelettes dans 2 cuillerées à soupe de vinaigre balsamique, 2 cuillerées à soupe d'huile d'olive, hachez la menthe et ajoutez-en la moitié, salez et poivrez. Laissez mariner.

2 Pendant ce temps, dans une casserole, faites cuire les petits pois 2 minutes à l'eau bouillante salée. Égouttez-les, puis passez-les au mixeur pour les réduire en purée avec le reste de menthe, de vinaigre, d'huile, le parmesan râpé et du sel. Remettez la purée dans la casserole pour la faire réchauffer.

3 Allumez un barbecue ou faites chauffer un gril à feu vif. Faites griller les côtelettes 2 ou 3 minutes de chaque côté, puis laissez-les reposer 5 minutes sous une feuille d'aluminium. Servez avec la purée de petits pois.

Côtelettes d'agneau et taboulé aux amandes

Pour 2 personnes
Préparation et cuisson : 20 min

4 à 6 côtelettes d'agneau

POUR LE TABOULÉ
100 g de boulgour
50 g d'amandes
1 gousse d'ail
1 bouquet de menthe
2 tomates olivettes
le jus de 1 citron
4 à 6 côtelettes d'agneau
huile d'olive
sel et poivre du moulin

MATERIEL
barbecue ou gril

1 Mettez le boulgour dans une casserole pleine d'eau salée, portez à ébullition et laissez cuire 2 minutes à petits bouillons. Éteignez le feu et laissez gonfler 8 minutes.

2 Émincez puis concassez les amandes, pilez l'ail, hachez la menthe puis émincez les tomates. Égouttez bien le boulgour, puis ajoutez-y les amandes, l'ail, la menthe et les tomates. Salez, poivrez et versez le jus de citron.

3 Allumez un barbecue ou faites chauffer un gril à feu vif. Avec un pinceau, badigeonnez d'huile les côtelettes, puis salez, poivrez et faites-les cuire 3 minutes de chaque côté ou jusqu'à ce qu'elles soient cuites à votre goût. Servez-les avec le taboulé aux amandes.

Côtelettes d'agneau tandoori

Pour 4 personnes
Préparation et cuisson : 30 min
Marinade : 1 h

8 à 12 côtelettes d'agneau

POUR LA MARINADE
2 cuill. à café de racine de gingembre
1 gros piment
4 cuill. à soupe de coriandre fraîche
3 gousses d'ail
le jus de 1/2 citron
125 g de yaourt nature
1 cuill. à soupe de purée de tomate
1 cuill. à soupe de garam masala

MATERIEL
barbecue

1 Enveloppez les côtelettes dans du film alimentaire et battez-les (avec un rouleau à pâtisserie, par exemple) pour les aplatir.

2 Râpez le gingembre, épépinez le piment (si vous ne l'aimez pas trop fort) et hachez-le avec la coriandre. Dans un saladier, mélangez ces ingrédients avec l'ail, le jus de citron, le yaourt, la purée de tomate et le garam masala afin de faire une marinade et mettez-les avec la viande dans un sac en plastique. Une fois les côtelettes bien enduites de marinade, laissez-les mariner pendant 1 heure.

3 Allumez un barbecue. Faites griller les côtelettes 3 minutes de chaque côté, à un endroit très chaud. Elles doivent rester roses à l'intérieur mais être bien grillées sur les côtés. Servez 2 ou 3 côtelettes par personne.

Côtes d'agneau et salade d'aubergine fumée

Pour 2 personnes
Préparation et cuisson : 20 min

4 côtes d'agneau dégraissées

POUR LA SALADE
1 aubergine
3 cuill. à soupe d'huile d'olive
1 cuill. à soupe de pignons de pin grillés
sel et poivre du moulin
salade (facultatif)
pain pita (facultatif)

POUR LA VINAIGRETTE
1 filet de jus de citron frais
1 pincée de paprika
2 cuill. à café d'aneth fraîche ciselée

MATERIEL
barbecue ou gril

1 Allumez un barbecue ou faites chauffer un gril à feu vif. Tranchez finement l'aubergine dans le sens de la longueur. Badigeonnez d'huile. Assaisonnez et faites griller au barbecue ou sur le gril jusqu'à ce qu'elles soient roussies des deux côtés et ramollies. Retirez du feu, puis coupez en petits morceaux.

2 Faites griller les côtelettes 4 minutes de chaque côté au barbecue ou sur le gril, jusqu'à ce qu'elles soient roses.

3 Pour préparer la vinaigrette, mélangez dans un bol le jus de citron, le paprika, la moitié de l'aneth, du sel et du poivre. Versez sur les morceaux d'aubergine et remuez.

4 Répartissez dans deux assiettes, disposez les côtelettes dessus, puis parsemez de pignons de pin grillés et du reste d'aneth. Servez, si vous le souhaitez, avec de la salade et du pain pita.

Gigot d'agneau mariné aux anchois

Pour 12 personnes
Préparation et cuisson : 25 min
Marinade : 1 à 12 h

12 tranches de gigot d'agneau de 250 g chacune

POUR LA MARINADE
6 filets d'anchois
le zeste de 3 citrons non traités
2 cuill. à soupe de romarin haché
4 cuill. à soupe d'huile d'olive

ACCOMPAGNEMENT
quelques quartiers de citron
quelques brins de romarin
pommes de terre (facultatif)

MATERIEL
barbecue ou gril

1 Préparez la marinade. Hachez les anchois, puis mettez-les dans le bol d'un robot avec le zeste des citrons, le romarin et l'huile. Mixez jusqu'à l'obtention d'une pâte épaisse. Réunissez les tranches d'agneau dans un grand saladier, arrosez-les de marinade, puis réservez au réfrigérateur pour 1 à 12 heures.

2 Allumez un barbecue ou faites chauffer un gril à feu vif. Faites griller les tranches d'agneau 4 ou 5 minutes de chaque côté en fonction de leur épaisseur et de votre goût, puis réservez-les dans un plat couvert d'une feuille d'aluminium et laissez reposer 10 minutes. Répartissez la viande dans les assiettes. Parsemez de brins de romarin. Ajoutez des quartiers de citron, puis servez, éventuellement avec des pommes de terre.

Kebabs d'agneau aux poivrons

Pour 4 personnes
Préparation et cuisson : 25 min

400 g de filet d'agneau dégraissé

2 poivrons rouges
2 oignons rouges

POUR LA MARINADE
2 cuill. à soupe de harissa
1 cuill. à soupe d'huile d'olive
25 cl d'eau
250 g de semoule
sel et poivre du moulin

MATERIEL
gril ou plancha

1 Faites chauffer un gril ou une plancha à feu vif. Découpez l'agneau en gros dés. Épépinez les poivrons, puis détaillez-les en lamelles. Coupez les oignons en huit en veillant à ce que les quartiers restent entiers. Dans un saladier, mélangez la harissa et l'huile, puis ajoutez l'agneau, les poivrons et les oignons. Assaisonnez et mélangez soigneusement jusqu'à ce que tous les ingrédients soient enrobés de sauce.

2 Embrochez la viande, les poivrons et les oignons sur huit piques à brochettes. Placez les brochettes sur le gril ou la plancha, puis arrosez-les de marinade. Faites-les cuire de 8 à 10 minutes, en les retournant régulièrement.

3 Pendant ce temps, préparez la semoule. Portez l'eau à ébullition dans une bouilloire. Dans un grand saladier, arrosez la semoule d'eau bouillante et laissez gonfler quelques minutes. Servez avec les brochettes et arrosez du jus de cuisson.

Côtelettes d'agneau tandoori et pommes de terre à la menthe

Pour 4 personnes
Préparation et cuisson : 30 min
Marinade : 1 h

8 à 12 côtelettes d'agneau bien dégraissées

POUR LA MARINADE
2 cuill. à café de racine de gingembre
1 gros piment vert
4 cuill. à soupe de feuilles de coriandre
3 gousses d'ail
le jus de 1/2 citron
125 g de yaourt nature
1 cuill. à soupe de purée de tomate
1 cuill. à soupe de garam masala

POUR LES POMMES DE TERRE
500 g de pommes de terre
1 gousse d'ail
2 cuill. à soupe de feuilles de menthe
125 g de yaourt nature
2 cuill. à soupe d'huile d'olive vierge extra
sel et poivre du moulin

MATERIEL
barbecue

1 Enveloppez les côtelettes entre 2 feuilles de film alimentaire et battez-les pour les aplatir légèrement. Râpez le gingembre, hachez le piment (épépinez-le si vous n'aimez pas le piment trop fort) et hachez la coriandre. Mélangez ces ingrédients avec l'ail, le jus de citron, le yaourt, la purée de tomate et le garam masala et mettez-les dans un sac en plastique avec les côtelettes. Faites en sorte que la viande soit bien recouverte d'aromates et laissez-la macérer au moins 1 heure dans le sac.

2 Pendant ce temps, préparez la salade de pommes de terre : coupez les pommes de terre en rondelles épaisses et faites-les cuire de 8 à 10 minutes à l'eau bouillante, jusqu'à ce qu'elles soient tendres. Dans un saladier assez grand, pilez l'ail, hachez la menthe et mélangez-les avec le yaourt et l'huile d'olive. Salez et poivrez. Ajoutez les pommes de terre et mélangez bien.

3 Allumez un barbecue. Égouttez et faites cuire les côtelettes 3 minutes de chaque côté ; il faut qu'elles soient encore un peu roses à l'intérieur mais bien grillées sur les côtés. Servez 2 ou 3 côtelettes par personne, avec de la salade de pommes de terre.

VOLAILLE

Brochettes de poulet à la jamaïquaine

Pour 2 personnes
Préparation et cuisson : 35 min
Marinade : 10 min

6 blancs de poulet

1 poivron rouge

POUR LA MARINADE
3 cuill. à soupe de sauce jerk

ACCOMPAGNEMENT
100 g de riz basmati
20 cl de lait de coco allégé
75 cl d'eau
1 poignée de petits pois surgelés décongelés
1 poignée de coriandre
2 oignons nouveaux
sel et poivre du moulin

MATERIEL
barbecue ou gril

1 Mettez quatre brochettes en bois à tremper dans l'eau pour 15 minutes.

2 Pendant ce temps, épépinez le poivron, puis coupez-le en gros morceaux avec le poulet et mettez le tout dans un plat creux. Enduisez-les de sauce jerk et laissez mariner 10 minutes.

3 Dans une casserole, réunissez le riz, le lait de coco et l'eau. Assaisonnez, portez à petite ébullition, puis laissez mijoter à couvert jusqu'à ce que le riz soit cuit et le liquide absorbé. Ajoutez les petits pois dans la casserole 3 minutes avant la fin du temps de cuisson. Hachez la coriandre et les oignons. Égouttez le riz et les petits pois, puis incorporez la moitié de la coriandre et les oignons à la préparation. Réservez au chaud.

4 Allumez un barbecue ou faites chauffer un gril à feu vif. Enfilez les morceaux de poulet et de poivron sur les brochettes, puis faites-les griller de 8 à 10 minutes en les retournant régulièrement jusqu'à ce qu'elles soient cuites. Parsemez les brochettes du reste de coriandre et servez-les avec le riz aux petits pois.

Boulettes de dinde et achards de betterave

Pour 4 personnes
Préparation et cuisson : 25 min

500 g de dinde hachée cuite

1/2 cuill. à café de thym séché
ou 2 cuill. à café de thym frais
1 citron non traité
sel et poivre du moulin

POUR LES ACHARDS
250 g de betterave cuite pelée
1 oignon rouge
le jus de 1 citron
2 cuill. à soupe de persil ciselé
2 cuill. à café d'huile d'olive
2 cuill. à café de moutarde
à l'ancienne

ACCOMPAGNEMENT
sucrine
pains pitas au blé complet

MATERIEL
barbecue ou gril

1 Allumez un barbecue ou faites chauffer un gril à feu vif. Dans un saladier, réunissez la dinde et le thym. Prélevez le zeste du citron au-dessus du saladier, assaisonnez, puis malaxez soigneusement le tout avec vos mains. Façonnez quatre boulettes et faites-les cuire pendant 12 minutes, en les retournant à la moitié du temps de cuisson.

2 Pendant ce temps, préparez les achards. Coupez la betterave en petits dés. Pelez l'oignon rouge et hachez-le. Dans un autre saladier, mélangez les dés de betterave avec la moitié du jus de citron, l'oignon, le persil, l'huile et la moutarde.

3 Servez les boulettes accompagnées des achards, de sucrine et de pains pitas.

Mini-brochettes de poulet au citron

Pour 4 personnes
Préparation et cuisson : 30 min
Marinade : 30 min

4 blancs de poulet

POUR LA MARINADE
35 feuilles de citron vert
(dans les épiceries asiatiques)
3 oignons nouveaux
2 gousses d'ail
2 cuill. à café de sauce nam-pla
(à base de poisson)
2 cuill. à café de miel
1 filet d'huile végétale

POUR LA SAUCE
15 cl de vinaigre de riz
175 g de sucre en poudre
1 cuill. à soupe de coriandre
1 cuill. à soupe de cacahuètes grillées
1 piment rouge

MATERIEL
barbecue ou gril

1 Faites tremper 20 piques à brochettes en bois dans de l'eau. Préparez la marinade. Réservez 15 feuilles de citron vert, puis hachez le reste. Ciselez les oignons, puis mettez-les dans le bol d'un robot avec l'ail, la sauce nam-pla, le miel, l'huile et les feuilles de citron vert hachées. Mixez le tout jusqu'à l'obtention d'un mélange homogène.

2 Coupez les blancs de poulet en 20 dés, puis enfilez chaque morceau sur une brochette avec une feuille de citron vert entière. Placez les brochettes dans un plat creux et arrosez-les de marinade. Laissez reposer au frais pendant au moins 30 minutes.

3 Préparez la sauce. Dans une casserole, réunissez le vinaigre de riz et le sucre. Portez à ébullition et prolongez la cuisson jusqu'à ce que le mélange épaississe. Pendant ce temps, hachez la coriandre et les cacahuètes, puis émincez le piment. Laissez refroidir le vinaigre, ajoutez les autres ingrédients de la sauce dans la casserole et mélangez le tout.

4 Allumez un barbecue ou faites chauffer un gril à feu vif. Répartissez la sauce dans des verrines, puis faites cuire les brochettes 2 ou 3 minutes de chaque côté. Disposez 1 brochette sur chaque verrine et servez.

Brochettes de poulet aux poivrons

Pour 2 personnes
Préparation et cuisson : 30 min
Marinade : 10 min

2 blancs de poulet (ou 4 hauts de cuisse) découpés en dés
4 citrons
1 poivron rouge
8 à 12 feuilles de laurier
sel et poivre du moulin

POUR LA MARINADE
1 gousse d'ail pilée
huile d'olive
le jus de 1 citron

ACCOMPAGNEMENT
salade

MATERIEL
barbecue ou gril

1 Découpez le poulet en dés et mettez-les dans un saladier. Pilez l'ail et ajoutez-le dans le saladier avec 1 filet d'huile d'olive et le jus de 1 citron. Mélangez bien pour enrober les morceaux de poulet.

2 Coupez le poivron en dés. Glissez les morceaux de poulet sur 4 brochettes métalliques en alternant avec les morceaux de poivron rouge, les quartiers de citron et les feuilles de laurier. Salez et poivrez.

3 Allumez un barbecue ou faites chauffer un gril à feu vif. Faites-y cuire les brochettes environ 4 minutes de chaque côté – jusqu'à ce que le poulet soit complètement cuit. Servez ces brochettes avec de la salade.

Brochettes de poulet aux herbes

Pour 8 personnes
Préparation et cuisson : 45 min
Marinade : 10 min

500 g de blancs de poulet

500 g de pommes de terre nouvelles
1 oignon rouge
1 poivron rouge

POUR LA MARINADE
3 cuill. à soupe de persil
3 cuill. à soupe de menthe
3 cuill. à soupe de ciboulette
6 cuill. à soupe d'huile d'olive
2 cuill. à soupe de jus de citron frais
1 citron non traité
sel et poivre du moulin

ACCOMPAGNEMENT
8 tomates mûres
2 piments verts
2 gousses d'ail
4 cuill. à soupe d'huile d'olive
2 cuill. à soupe de vinaigre de vin blanc

MATERIEL
plancha ou gril

1 Faites cuire les pommes de terre dans l'eau bouillante de 10 à 12 minutes, jusqu'à ce qu'elles soient à peine tendres. Égouttez-les et laissez-les refroidir. Mélangez les aromates ciselés, l'huile et le jus de citron dans un saladier puis assaisonnez à votre convenance. Incorporez le poulet détaillé en dés et les pommes de terre. Remuez pour enrober uniformément le tout. Coupez l'oignon en six quartiers, séparez-en les couches, mettez-les dans le saladier avec le poivron coupé en carrés et mélangez bien l'ensemble.

2 Préparez la salade. Détaillez en dés les tomates et les piments épépinés. Ajoutez l'ail haché, l'huile et le vinaigre, assaisonnez à votre convenance et mélangez.

3 Composez huit brochettes en alternant les dés de poulet, les pommes de terre, les carrés de poivron, les quartiers d'oignon et de citron. Faites chauffer une plancha ou un gril à feu moyen. Faites griller ces brochettes 5 ou 6 minutes sur chaque face, jusqu'à ce que le poulet soit cuit. Servez chaud avec la salade.

Brochettes de poulet et vinaigrette pimentée

Pour 4 personnes
Préparation et cuisson : 30 min

500 g de blancs de poulet

POUR LA MARINADE
2 gousses d'ail
1 cuill. à café de poivre noir concassé
4 cuill. à soupe de coriandre hachée
le jus de 2 citrons verts
1 cuill. à café de sucre roux
1 cuill. à soupe d'huile végétale

POUR LA VINAIGRETTE PIMENTÉE
1 piment rouge
1 échalote
15 cl de vinaigre de riz
2 cuill. à soupe de sucre en poudre
1 concombre

ACCOMPAGNEMENT
bok choï (chou chinois)
riz

MATERIEL
barbecue ou gril

1 Préparez la marinade. Écrasez l'ail, mettez-le dans un saladier avec le poivre, la coriandre, le jus de citron, le sucre et l'huile, puis mélangez le tout. Coupez les blancs de poulet en lamelles épaisses. Enduisez-les de marinade et enfilez-les sur 12 piques à brochettes en bois.

2 Préparez la vinaigrette pimentée. Épépinez le piment et hachez-le finement avec l'échalote. Versez le vinaigre dans une casserole, ajoutez le sucre, laissez-le se dissoudre à feu doux, puis portez à ébullition et laissez bouillir 3 minutes. Ôtez la casserole du feu, ajoutez le piment et l'échalote, puis laissez refroidir. Coupez un tronçon de concombre de 5 cm, puis émincez-le. Incorporez les morceaux à la sauce et détaillez le reste du concombre en bâtonnets.

3 Allumez un barbecue ou faites chauffer un gril à feu vif. Faites cuire les brochettes de poulet pendant 3 ou 4 minutes de chaque côté. Servez-les avec la vinaigrette pimentée, les bâtonnets de concombre, du bok choï sauté et du riz.

Poulet grillé et coleslaw

Pour 4 personnes
Préparation et cuisson : 35 min

8 hauts de cuisse de poulet

POUR LE COLESLAW
1/2 chou chinois
3/4 de chou vert pointu
2 branches de céleri
1 carotte
1 poignée de menthe
1 poignée de coriandre
quartiers de citron vert

POUR LA VINAIGRETTE
1 piment
6 cuill. à soupe de vinaigre de riz
2 cuill. à café de sucre en poudre
3 cuill. à café de sauce nam-pla
(à base de poisson)

MATERIEL
barbecue ou gril

1 À l'aide d'une mandoline, coupez les choux, le céleri et la carotte en fines lamelles. Hachez la menthe et la coriandre, puis mélangez ensemble tous les ingrédients dans un saladier.

2 Préparez la vinaigrette. Épépinez le piment, puis émincez-le et mettez-le dans un bol. Ajoutez les autres ingrédients de la vinaigrette et battez le tout à l'aide d'un fouet.

3 Allumez un barbecue ou faites chauffer un gril à feu vif. Badigeonnez le poulet d'un peu de vinaigrette et faites-le griller jusqu'à ce qu'il soit cuit. Incorporez le reste de la vinaigrette au coleslaw, puis servez la salade avec le poulet et quelques quartiers de citron vert.

Blancs de poulet aux courgettes

Pour 6 personnes
Préparation et cuisson : 40 min
Marinade : 20 min

6 blancs de poulet

POUR LA MARINADE
5 cuill. à soupe d'huile d'olive
le zeste et le jus de 1 citron
1 petite poignée de feuilles de basilic

ACCOMPAGNEMENT
500 g de pommes de terre nouvelles
beurre
12 petites courgettes découpées en rubans
300 g de haricots verts équeutés
sel et poivre du moulin

MATERIEL
barbecue ou gril

1 Coupez les blancs de poulet en deux dans l'épaisseur, sans les détacher complètement. Étalez-les entre 2 feuilles de film alimentaire et, avec un rouleau à pâtisserie, aplatissez la viande, puis déposez-la dans un saladier avec l'huile d'olive, le zeste et le jus de citron, ainsi que la plus grande partie du basilic coupé en gros morceaux.

2 Dans une casserole, faites cuire les pommes de terre à l'eau bouillante de 10 à 15 minutes, puis écrasez-les à la fourchette avec un peu de beurre ; salez, poivrez.

3 Faites cuire les courgettes et les haricots verts 2 ou 3 minutes dans la partie supérieure d'un cuit-vapeur, jusqu'à ce qu'ils soient tendres.

4 Allumez un barbecue ou faites chauffer un gril à feu vif. Faites griller le poulet de 4 à 6 minutes de chaque côté, pour qu'il soit cuit à point. Servez avec les légumes. Parsemez du reste de basilic.

Mezze de poulet grillé

Pour 4 personnes
Préparation et cuisson : 20 min

4 blancs de poulet

POUR LA MARINADE
2 gousses d'ail
le zeste râpé et le jus de 1 citron
2 cuill. à soupe d'huile d'olive vierge extra
1/4 de cuill. à café de thym séché
sel et poivre du moulin

ACCOMPAGNEMENT
houmous
olives noires
quartiers de citron

MATERIEL
barbecue ou gril

1 Écrasez les gousses d'ail. Mélangez le zeste de citron, 2 cuillerées à soupe de jus de citron, l'huile d'olive, l'ail et le thym. Retournez les blancs de poulet dans ce mélange pour bien les enrober.

2 Allumez un barbecue ou faites chauffer un gril à feu vif. Assaisonnez, puis faites cuire la viande de 6 à 8 minutes de chaque côté. Servez le poulet avec une bonne cuillerée à soupe de houmous, un filet d'huile d'olive, une poignée d'olives et quelques quartiers de citron.

Poulet à la mangue et riz aux petits pois

Pour 4 personnes
Préparation et cuisson : 45 à 50 min

4 blancs de poulet

POUR LE RIZ AUX PETITS POIS
2 gousses d'ail
1 oignon
2 cuill. à soupe d'huile d'olive
200 g de riz à long grain
400 g de haricots rouges en conserve
400 g de haricots œil noir
50 cl de bouillon de légumes
20 cl de lait de coco allégé
1 brin de thym frais effeuillé
175 g de petits pois surgelés
sel et poivre du moulin

POUR LA MARINADE
6 cuill. à soupe de chutney de mangue
le zeste et le jus de 2 citrons verts
2 cuill. à soupe d'huile d'olive

MATERIEL
barbecue ou gril

1 Préparez le riz aux petits pois. Écrasez l'ail. Émincez l'oignon. Dans une poêle, faites-le revenir 5 minutes dans l'huile chaude. Ajoutez en remuant l'ail, puis le riz et prolongez la cuisson de 1 minute. Versez les haricots rincés et égouttés, arrosez de bouillon et de lait de coco, puis salez et poivrez abondamment. Portez à ébullition, couvrez et laissez mijoter de 25 à 30 minutes à feu doux, jusqu'à ce que le riz soit tout juste cuit. Ajoutez les feuilles de thym et les petits pois 3 minutes avant la fin du temps de cuisson, puis égrainez cette préparation à la fourchette.

2 Pendant ce temps, réunissez le chutney de mangue, le zeste et le jus de citron et l'huile d'olive dans un bol, salez et poivrez.

3 Allumez un barbecue ou faites chauffer un gril à feu vif. Badigeonnez les blancs de poulet d'un peu du mélange de chutney, puis faites cuire de 6 à 8 minutes de chaque côté, jusqu'à ce que le poulet soit grillé et bien cuit. Réservez le poulet et faites chauffer le reste du mélange de chutney dans la poêle. Servez le poulet avec le riz et les petits pois, arrosé de sauce acidulée à la mangue.

Poulet à la sauce verte et aux haricots blancs

Pour 2 personnes
Préparation et cuisson : 30 min

2 blancs de poulet

POUR LA SAUCE
1 citron
1 cuill. à soupe de câpres
1 poignée de persil
1 poignée de basilic
1/2 gousse d'ail
1 cuill. à café de moutarde de Dijon
2 cuill. à soupe d'huile d'olive

ACCOMPAGNEMENT
400 g de haricots blancs au naturel
50 g de roquette

MATERIEL
plancha ou gril

1 Préparez la sauce. Pressez le citron et versez le jus dans le bol d'un robot. Rincez les câpres, égouttez-les, puis ajoutez-les dans le bol avec les fines herbes, l'ail, la moutarde et l'huile d'olive. Mixez le tout, en ajoutant un peu d'eau si le mélange est trop épais.

2 Faites chauffer une plancha ou un gril à feu vif. Mettez les blancs de poulet à griller des deux côtés jusqu'à ce qu'ils soient cuits.

3 Dans une casserole d'eau bouillante, faites cuire les haricots pendant 10 minutes, puis égouttez-les. Transvasez-les dans un saladier, mélangez-les avec la roquette et la moitié de la sauce. Coupez les blancs de poulet en tranches, répartissez-les dans deux assiettes, puis nappez du reste de sauce. Servez avec la salade de haricots.

SABRE

Poulet au lard croustillant

Pour 6 personnes
Préparation et cuisson : 50 à 60 min

6 blancs de poulet
d'environ 175 g chacun
6 tranches fines de poitrine demi-sel
ou de bacon

4 gousses d'ail
100 g de beurre ramolli
2 cuill. à soupe d'huile d'olive
800 g de tomates pelées
et concassées en conserve
15 cl de bouillon de légumes
ou de volaille
les feuilles de 4 brins d'origan frais
400 g de haricots blancs en conserve
12 tranches de pain
(fougasse ou ciabatta)
250 g de tomates cerises
18 feuilles de basilic
sel et poivre du moulin

ACCOMPAGNEMENT
salade mélangée

MATERIEL
barbecue

1 Allumez le barbecue. Pelez et hachez l'ail. Malaxez le beurre avec la moitié de l'ail. Réservez. Posez un plat à gratin épais sur la grille du barbecue, versez-y l'huile et faites-y revenir le lard des deux côtés pour le rendre croustillant. Remplacez le lard par les blancs de poulet, salez, poivrez et faites-les bien dorer des deux côtés. Ajoutez le reste de l'ail, les tomates, le bouillon et l'origan ciselé. Laissez mijoter 3 minutes, retournez le poulet et faites cuire encore 3 minutes.

2 Incorporez les haricots, préalablement rincés et égouttés, et prolongez la cuisson de 6 minutes, en retournant deux fois les morceaux. Salez et poivrez. Quand le poulet est presque cuit, faites griller les tranches de pain.

3 Coupez les tomates cerises en deux, ciselez 9 feuilles de basilic et ajoutez ces ingrédients dans le plat. Laissez mijoter quelques instants puis disposez le lard croustillant et les feuilles de basilic restantes sur cette préparation. Étalez le beurre aillé sur les tranches de pain et servez le plat de poulet en même temps, accompagné d'une salade mélangée.

Poulet au tamarin et purée de pommes de terre épicée

Pour 4 personnes
Préparation et cuisson : 40 min

4 blancs de poulet

POUR LA PURÉE
1 kg de pommes de terre
2 cuill. à café de curcuma en poudre
500 g de brocolis
100 g de yaourt nature
1 cuill. à soupe de pâte de curry *korma*
5 oignons nouveaux
sel et poivre du moulin

POUR LA MARINADE
4 cuill. à café de pulpe de tamarin
2 cuill. à soupe de chutney de mangue
(dans les épiceries asiatiques)

MATERIEL
barbecue ou gril

1 Allumez un barbecue ou faites chauffer un gril à feu vif. Pelez les pommes de terre, coupez-les en dés, puis mettez-les dans une casserole remplie d'eau froide. Ajoutez le curcuma, portez à ébullition et laissez mijoter de 12 à 15 minutes. Détaillez les brocolis en bouquets, mettez-les dans une passoire en métal et faites-les cuire à la vapeur sur la casserole contenant les pommes de terre, pendant 5 minutes.

2 Mélangez la pulpe de tamarin et le chutney de mangue. Pratiquez quelques incisions sur les blancs de poulet et badigeonnez-les du mélange. Faites-les cuire sur le gril ou le barbecue 5 minutes de chaque côté.

3 Égouttez les pommes de terre, écrasez-les avec le yaourt et la pâte de curry, puis réservez la purée au chaud. Émincez les oignons et incorporez-en les trois quarts à la purée. Répartissez-la dans quatre assiettes, avec un blanc de poulet et quelques bouquets de brocolis. Parsemez des oignons restants et servez.

Poulet aux olives

Pour 2 personnes
Préparation et cuisson : 20 min
Marinade : 20 min

2 blancs de poulet

POUR LA MARINADE
2 cuill. à café de paprika fumé
1 cuill. à soupe d'huile d'olive

ACCOMPAGNEMENT
1 citron non traité
1/2 oignon rouge
2 cuill. à soupe de persil plat
10 olives noires dénoyautées

MATERIEL
plancha ou gril

1 Dans un bol, mélangez le paprika fumé avec l'huile d'olive, puis badigeonnez-en les blancs de poulet et réservez.

2 Faites chauffer une plancha ou un gril à feu vif. Prélevez le zeste du citron et coupez-le en fines lamelles. Émincez le demi-oignon et ciselez le persil, puis mélangez-les dans un saladier avec les olives et le zeste de citron.

3 Faites griller les blancs de poulet 4 ou 5 minutes de chaque côté, puis coupez-les en tranches et disposez-les dans deux assiettes. Parsemez le poulet de salade et servez.

Poulet cajun et salade de haricots rouges

Pour 2 personnes
Préparation et cuisson : 30 min
Marinade : 10 min

2 blancs de poulet

POUR LA MARINADE
1/2 cuill. à café d'huile d'olive
1 cuill. à soupe de mélange d'épices cajun
sel et poivre du moulin

POUR LA SALADE
400 g de haricots rouges en conserve
2 poivrons rouges
1 avocat
2 oignons nouveaux
1 poignée de feuilles de coriandre ciselées
1 cuill. à soupe d'huile d'olive
le jus de 1 citron

MATERIEL
barbecue ou gril

1 Préparez la salade de haricots rouges. Égouttez les haricots et rincez-les. Épépinez les poivrons, puis coupez-les en petits morceaux. Pelez l'avocat, ôtez le noyau et détaillez la chair en dés. Émincez les oignons, puis réunissez tous les ingrédients dans un saladier avec la coriandre. Arrosez d'huile d'olive, de jus de citron et assaisonnez. Réservez.

2 Sur une planche à découper, aplatissez les blancs de poulet. Mettez-les dans un plat, arrosez-les d'huile d'olive, puis enrobez-les d'épices cajun. Laissez reposer 10 minutes.

3 Allumez un barbecue ou faites chauffer un gril à feu vif, puis faites dorer le poulet pendant 5 minutes de chaque côté. Parsemez la salade de coriandre, mélangez délicatement le tout et servez avec le poulet.

Poulet citronné au gingembre

Pour 4 personnes
Préparation et cuisson : 30 min
Marinade : 10 min à 24 h

4 blancs de poulet

POUR LA MARINADE
1 cuill. à café de grains de poivre noir
1 morceau de racine de gingembre de 3 cm
2 gousses d'ail
1 cuill. à soupe de sauce soja
le zeste et le jus de 2 citrons verts

ACCOMPAGNEMENT
quartiers de citron vert

MATERIEL
barbecue ou gril

1 Concassez les grains de poivre dans un mortier. Pelez et râpez le gingembre. Écrasez l'ail. Pratiquez trois entailles dans chaque blanc de poulet et mettez-les dans un plat creux. Mélangez les grains de poivre, le gingembre, l'ail, la sauce soja, le zeste et le jus de citron vert, puis versez sur le poulet et laissez mariner pendant 10 minutes et jusqu'à 24 heures au réfrigérateur.

2 Allumez un barbecue ou faites chauffer un gril à feu moyen. Faites cuire les blancs de poulet de 6 à 8 minutes de chaque côté, jusqu'à ce qu'ils soient bien cuits. Transférez-les dans un plat et garnissez-les de quartiers de citron vert avant de servir.

Poulet épicé à la jamaïquaine

Pour 4 personnes
Préparation et cuisson : 45 min
Marinade : 30 min à 12 h

4 blancs de poulet

POUR LA MARINADE
2 piments rouges
4 oignons nouveaux
1 cuill. à soupe de quatre-épices (ou cannelle, poivre, muscade, clous de girofle à parts égales)
2 cuill. à café de cannelle en poudre
1/2 cuill. à café de thym séché
2 cuill. à café de sucre brun en poudre
1 cuill. à soupe d'huile de tournesol

ACCOMPAGNEMENT
quelques feuilles de coriandre fraîche
quartiers de citron vert

MATERIEL
barbecue ou gril

1 Préparez la marinade : hachez les piments épépinés et les oignons avec les autres ingrédients dans un robot. Salez si vous le désirez.

2 Placez les blancs de poulet dans un plat peu profond. Recouvrez-les entièrement de marinade. Couvrez et mettez au réfrigérateur pour 30 minutes au minimum, et de préférence une nuit entière.

3 Allumez un barbecue ou faites chauffer un gril à feu vif. Sortez le poulet du réfrigérateur et arrosez-le de jus de citron vert. Faites-le cuire à feu doux de 20 à 30 minutes en le retournant une fois. Servez chaud ou froid, parsemé de coriandre et de quartiers de citron vert.

Poulet épicé et salade de couscous aux oignons rouges

Pour 4 personnes
Préparation et cuisson : 30 min

4 blancs de poulet avec la peau

1 à 3 cuill. à soupe de harissa
huile d'olive

POUR LA SALADE
1 oignon rouge
300 g de semoule pour couscous
35 cl de bouillon de poulet chaud, (fait maison ou reconstitué à partir d'un cube)
le zeste et le jus de 1 citron
2 tomates
200 g de feta
1 petit bouquet de menthe

MATERIEL
barbecue ou gril

1 Allumez un barbecue ou faites chauffer un gril à feu vif. Faites des entailles dans la peau des blancs de poulet et frottez-les avec la harissa. Déposez-les sur une feuille de papier aluminium, côté peau en dessous. Arrosez-les d'huile d'olive et faites les cuire 10 minutes – en retournant à mi-cuisson –, jusqu'à ce que la viande soit cuite et la peau bien croustillante.

2 Pendant ce temps, coupez l'oignon en fines lamelles, mettez-le avec la semoule de couscous dans un grand saladier et mouillez avec le bouillon chaud. Couvrez et laissez gonfler environ 5 minutes, jusqu'à ce que le bouillon soit absorbé. Égrainez la semoule à la fourchette, puis ajoutez le zeste et le jus de citron. Émincez les tomates, émiettez la feta, ciselez grossièrement la menthe et ajoutez le tout dans le saladier. Versez 2 cuillerées à soupe d'huile d'olive et mélangez. Servez cette salade avec le poulet.

Poulet grillé et pommes de terre au maïs

Pour 4 personnes
Préparation et cuisson : 30 min

4 blancs de poulet

500 g de pommes de terre nouvelles
2 gros épis de maïs

POUR LA MARINADE
1/2 oignon rouge
2 gousses d'ail
1 poignée de coriandre
le jus de 1 citron vert
2 cuill. à soupe d'huile d'olive
1/2 à 1 cuill. à café de paprika fumé
sel et poivre du moulin

POUR SERVIR
quartiers de citron vert

MATERIEL
barbecue ou gril

1 Mettez les pommes de terre dans une grande casserole. Couvrez-les d'eau froide, portez à ébullition et laissez mijoter 12 minutes. Ajoutez les épis de maïs, prolongez la cuisson de 6 minutes, puis égouttez le tout.

2 Pendant ce temps, émincez le demi-oignon, écrasez l'ail, coupez les blancs de poulet en deux horizontalement pour former 8 escalopes, puis hachez grossièrement la coriandre. Dans un grand saladier, mélangez l'oignon avec le jus de citron vert et la moitié de l'huile d'olive. Dans un bol, mélangez le reste de l'huile d'olive avec l'ail, le paprika, du sel et du poivre. Plongez les escalopes dans le bol, puis retournez-les pour les enduire de cette marinade.

3 Allumez un barbecue ou faites chauffer un gril à feu vif. Faites griller les escalopes 3 minutes de chaque côté. Égrainez les épis de maïs et ajoutez les grains de maïs, la coriandre et les pommes de terre dans le saladier contenant l'oignon. Assaisonnez, remuez, puis servez la salade de pommes de terre avec le poulet et des quartiers de citron vert.

Poulet grillé et sauce barbecue

Pour 4 personnes
Préparation et cuisson : 40 min

4 cuisses de poulet avec la peau
4 pilons de poulet avec la peau

POUR LA SAUCE BARBECUE
2 cuill. à soupe de Worcestershire sauce
2 cuill. à soupe de jus d'orange
2 cuill. à soupe de moutarde anglaise (au rayon « produits du monde »)
2 cuill. à soupe de miel liquide

MATERIEL
barbecue

1 Préparez la sauce barbecue. Dans un bol, mélangez la Worcestershire sauce, le jus d'orange, la moutarde et le miel, jusqu'à l'obtention d'une sauce homogène, puis badigeonnez-en les morceaux de poulet.

2 Faites cuire le poulet 12 minutes au barbecue, en retournant les morceaux et en les badigeonnant régulièrement de sauce jusqu'à ce que la chair soit bien cuite – lorsque vous la piquez jusqu'à l'os, le jus qui s'écoule doit être clair (et non rose ou rouge).

Poulet laqué au piment

Pour 4 personnes
Préparation et cuisson : 20 min

4 blancs de poulet avec la peau

POUR LA MARINADE
3 ou 4 cuill. à soupe de sauce au piment (selon votre goût)
2 cuill. à soupe de miel doux liquide
2 cuill. à soupe d'huile d'olive
2 gousses d'ail

ACCOMPAGNEMENT
quartiers de citron vert (facultatif)
sel et poivre du moulin

MATERIEL
barbecue ou gril

1 Alllumez un barbecue ou faites chauffer un gril à feu vif. Préparez la marinade en mélangeant la sauce au piment, le miel et l'huile dans un grand saladier. Avec un couteau bien aiguisé, incisez les blancs de poulet de trois à quatre entailles. Salez et poivrez à votre convenance, puis soulevez la peau et étalez l'ail pressé sur la chair. Badigeonnez le côté sans la peau des blancs de marinade et réservez le reste.

2 Placez les blancs de poulet côté peau vers le bas sur le gril ou le barbecue et laissez cuire 8 minutes jusqu'à ce que leur surface soit dorée et collante. Retournez-les, badigeonnez le côté peau avec le reste de glaçage et remettez-les sur le gril de 6 à 8 minutes jusqu'à ce qu'ils soient tendres et entièrement cuits. Servez accompagné de quartiers de citron vert, si vous le souhaitez.

Brochettes de poulet tikka et salade de crudités

Pour 4 personnes
Préparation et cuisson : 30 min
Marinade (facultative) : 1 h

4 blancs de poulet

250 g de tomates cerises

POUR LA MARINADE
150 g de yaourt nature allégé
2 cuill. à soupe de pâte de curry épicé

POUR LA SALADE
1/2 concombre
1 oignon rouge
1 poignée de feuilles de coriandre fraîche
1 citron
50 g de mâche

ACCOMPAGNEMENT
4 chapati complets (pains indiens)

MATERIEL
barbecue ou gril

1 Alllumez un barbecue ou préchauffez un gril à feu vif. Faites tremper huit piques à brochettes en bois dans de l'eau. Coupez le poulet en dés, puis mélangez-le avec le yaourt et la pâte de curry. Si vous en avez le temps, laissez mariner pendant 1 heure.

2 Préparez la salade de crudités. Coupez le demi-concombre en deux dans la longueur, épépinez-le, puis détaillez-le en tranches. Émincez l'oignon et hachez la coriandre. Dans un grand saladier, mélangez les ingrédients de la salade à l'exception de la mâche, puis réservez au frais.

3 Enfilez les dés de poulet et les tomates cerises sur les brochettes. Déposez-les sur le barbecue ou le gril et laissez-les cuire de 15 à 20 minutes, en les retournant de temps en temps. Incorporez délicatement la mâche à la salade de crudités, puis répartissez cette dernière dans quatre assiettes. Faites chauffer les chapati dans une poêle antiadhésive, posez deux brochettes de poulet sur chaque assiette et servez avec le pain chaud.

Poulet grillé à la ciboulette

Pour 4 personnes
Préparation et cuisson : 50 min

4 blancs de poulet

450 g de pommes de terre nouvelles

POUR LA MARINADE
1 poignée de ciboulette fraîche
5 cuill. à soupe d'huile d'olive
le jus de 1 citron

POUR LA SAUCE
4 cuill. à soupe de crème fraîche additionnée de quelques gouttes de citron

ACCOMPAGNEMENT
1 laitue romaine
250 g de tomates cerises
sel et poivre du moulin

MATERIEL
barbecue ou gril

1 Coupez les pommes de terre en deux et faites-les cuire dans de l'eau bouillante salée pendant 10 à 12 minutes, jusqu'à ce qu'elles soient tendres. Pendant ce temps, mettez les blancs de poulet entre 2 feuilles de film alimentaire et aplatissez-les avec un rouleau à pâtisserie, salez et poivrez. Ciselez la ciboulette et mélangez-la dans un grand saladier avec l'huile d'olive et le jus de citron. Enduisez le poulet d'un tiers de cette sauce.

2 Alllumez un barbecue ou préchauffez un gril à feu vif. Faites-y griller les morceaux de poulet pendant 6 à 8 minutes de chaque côté. Réservez. Incorporez la crème fraîche à la sauce, mélangez vigoureusement et rectifiez l'assaisonnement.

3 Égouttez les pommes de terre. Laissez-les refroidir un instant, puis arrosez-les avec un tiers de la sauce crémée. Ciselez la laitue, coupez les tomates en deux et assaisonnez-les avec un autre tiers de la sauce. Dressez la salade et les pommes de terre dans chaque assiette, posez un blanc de poulet par-dessus et nappez-le avec le reste de sauce.

Yakitori de poulet

Pour 2 personnes
Préparation et cuisson : 20 min

2 blancs de poulet

3 oignons nouveaux

POUR LA MARINADE
4 cuill. à soupe de pâte miso
(au rayon « produits du monde »)
2 cuill. à soupe de sucre en poudre
4 cuill. à soupe de mirin
(au rayon « produits du monde »)

MATERIEL
barbecue ou gril

1 Dans un saladier, mélangez la pâte miso avec le sucre et le mirin jusqu'à ce que le sucre soit dissous. Coupez le poulet et les oignons en dés de 2 cm de côté, puis enfilez-les sur des brochettes métalliques en les alternant.

2 Alllumez un barbecue ou préchauffez un gril à feu vif. Badigeonnez les brochettes de sauce et faites-les griller 10 minutes, en les retournant à mi-cuisson et en les badigeonnant régulièrement de sauce, jusqu'à ce qu'elles soient cuites. Servez sans attendre

Steaks de dinde épicés

Pour 4 personnes
Préparation et cuisson : 35 min

450 g de dinde hachée

2 oignons nouveaux
1 cuill. à soupe de sauce soja
1 ou 2 cuill. à soupe de sauce au piment doux
le zeste et le jus de 1 citron non traité
sel et poivre du moulin

ACCOMPAGNEMENT
salade verte
pommes de terre nouvelles
tzatziki (sauce grecque composée de concombre, de yaourt et d'ail, facultatif)

MATERIEL
barbecue ou gril

1 Allumez un barbecue ou faites chauffer un gril à feu vif. Hachez finement les oignons. Mettez-les dans un grand saladier avec la dinde hachée, la sauce soja, la sauce au piment, puis le zeste et le jus de citron. Assaisonnez généreusement et malaxez bien la préparation.

2 Divisez la viande hachée en quatre parts égales et façonnez 4 steaks. Faites-les cuire 8 minutes de chaque côté au gril ou de 6 à 8 minutes au barbecue, en les retournant régulièrement. Servez avec de la salade verte et des pommes de terre et, si vous le souhaitez, du tzatziki.

POISSONS & FRUITS DE MER

Saumon à la moutarde et à l'aneth

Pour 4 personnes
Préparation et cuisson : 20 min

4 filets de saumon sans la peau

POUR LA MARINADE
2 cuill. à soupe de moutarde de Dijon
1/2 bouquet d'aneth
4 cuill. à soupe de sucre muscovado (ou sucre roux)

POUR LA SAUCE
3 cuill. à soupe de moutarde de Dijon
1/2 bouquet d'aneth
2 cuill. à soupe de sucre muscovado (ou sucre roux)
1 cuill. à soupe de jus de citron
1 cuill. à soupe de vinaigre de cidre (ou de vin blanc)

POUR SERVIR
salade verte

MATERIEL
barbecue ou gril

1 Allumez un barbecue ou faites chauffer un gril à feu vif. Dans un petit saladier, mélangez 2 cuillerées à soupe de moutarde, la moitié de l'aneth préalablement émincée et 2 cuillerées à soupe de sucre roux. Badigeonnez les filets de saumon de ce mélange et faites cuire 6 ou 7 minutes sur le barbecue ou le gril, en le retournant délicatement à mi-cuisson.

2 Préparez la sauce : mélangez, dans un bol, le reste de la moutarde, de l'aneth et du sucre avec le jus de citron et le vinaigre. Servez avec le saumon et une salade verte.

Saumon à la coriandre et riz au gingembre

Pour 2 personnes
Préparation et cuisson : 30 min

2 pavés de saumon sans la peau d'environ 140 g chacun

1 piment rouge
1 petit bouquet de coriandre fraîche
1 cuill. à soupe d'huile d'olive
sel et poivre du moulin

POUR LE RIZ
1 oignon
1 morceau de gingembre de 2 cm
1 gousse d'ail
1 cuill. à soupe d'huile d'olive
100 g de riz basmati

ACCOMPAGNEMENT
1 citron vert

MATERIEL
plancha ou gril

1 Faites chauffer une plancha ou un gril à feu vif. Préparez le riz au gingembre. Mettez 30 cl d'eau à chauffer dans une bouilloire. Hachez l'oignon et le gingembre, puis émincez l'ail. Dans une casserole, faites chauffer l'huile d'olive et laissez-y revenir l'oignon pendant quelques minutes. Ajoutez le gingembre et l'ail, prolongez la cuisson de 1 minute, puis incorporez le riz. Versez l'eau bouillante dans la casserole. Salez et portez à ébullition. Couvrez, puis laissez cuire de 10 à 12 minutes, jusqu'à ce que le riz soit tendre.

2 Épépinez le piment et hachez-le finement avec la coriandre. Huilez légèrement le saumon et posez-le sur le gril ou la plancha. Laissez cuire 4 ou 5 minutes. Parsemez le saumon de piment et de coriandre hachés. Arrosez-le du reste de l'huile, assaisonnez et faites cuire de nouveau pendant 5 minutes. Coupez le citron vert en quartiers. Disposez le poisson et le riz dans deux assiettes avec les quartiers de citron et servez.

Saumon épicé et purée à la coriandre

Pour 4 personnes
Préparation et cuisson : 30 min

4 filets de saumon

1 kg de pommes de terre
2 cuill. à café de pâte de curry tikka
200 g de yaourt à la grecque
25 g de beurre
1/2 cuill. à café de piment en poudre
1 grosse poignée de coriandre ciselée
4 cuill. à soupe de lait

ACCOMPAGNEMENT
tomates grillées

MATERIEL
barbecue ou gril

1 Dans une casserole, portez de l'eau à ébullition. Pelez les pommes de terre, coupez-les en dés, puis faites-les cuire 12 minutes dans l'eau, jusqu'à ce qu'elles soient tendres. Égouttez-les et réservez.

2 Allumez un barbecue ou faites chauffer un gril à feu vif. Disposez les filets de saumon sur une feuille d'aluminium, côté peau vers le haut. Dans un bol, mélangez la pâte de curry avec 4 cuillerées à soupe de yaourt, puis répartissez la sauce sur le saumon. Faites cuire pendant 10 minutes.

3 Remettez les pommes de terre dans la casserole, avec le reste de yaourt, le beurre, le piment, la coriandre et le lait. Écrasez le tout à la fourchette, en ajoutant un peu de lait, si nécessaire. Répartissez la purée dans des assiettes, ajoutez le saumon, puis servez accompagné de tomates grillées.

Brochettes de saumon au piment doux

Pour 4 personnes
Préparation et cuisson : 15 min
Marinade : 20 min

4 filets de saumon de 150 g sans la peau

huile
sel et poivre du moulin

POUR LA MARINADE
4 cuill. à soupe de sauce au piment doux
le jus de 1 citron vert

MATERIEL
barbecue, gril ou plancha

1 Dans un bol, mélangez la sauce au piment doux et le jus de citron vert. Versez la moitié du mélange dans un petit bol et réservez. Coupez le saumon en cubes de 3 cm de côté. Enfilez-les sur quatre piques à brochettes et badigeonnez du reste de sauce au piment et citron vert. Laissez mariner 20 minutes.

2 Allumez un barbecue ou faites chauffer un gril ou une plancha à feu vif. Ôtez l'excès de marinade des brochettes, arrosez d'huile, salez, poivrez et faites cuire 8 minutes en retournant de temps en temps, jusqu'à ce que le saumon s'émiette facilement. Servez chaud avec la sauce au piment et citron vert réservée.

Brochettes de crevettes au laurier et mayonnaise au basilic

Pour 8 personnes
Préparation et cuisson : 30 min

32 crevettes crues, décortiquées

40 g de feuilles de basilic frais
6 cuill. à soupe d'huile d'olive
25 cl de mayonnaise
le jus de 1 citron vert
24 petites feuilles de laurier frais
sel et poivre du moulin

MATERIEL
barbecue, gril ou plancha

1 Préparez la mayonnaise au basilic en réunissant les feuilles de basilic dans le bol d'un robot avec 2 cuillerées à soupe d'huile d'olive. Mixez 1 ou 2 minutes, jusqu'à l'obtention d'une fine pâte. Ajoutez la mayonnaise et un filet de jus de citron vert en réservant les moitiés de citron dont le jus a été extrait. Mixez jusqu'à l'obtention d'une préparation lisse, puis transférez dans un bol et mettez au réfrigérateur.

2 Enfilez quatre crevettes et trois feuilles de laurier sur chaque pique à brochette. Badigeonnez d'huile de toutes parts. Assaisonnez bien. Allumez un barbecue ou faites chauffer un gril ou une plancha à feu vif. Faites cuire 4 ou 5 minutes en retournant une fois, jusqu'à ce que les crevettes soient roses et tendres. À l'aide d'une cuillère, remplissez les moitiés de citron vides de mayonnaise au basilic et servez.

Crevettes grillées et mayonnaise au citron vert

Pour 6 personnes
Préparation et cuisson : 20 min

18 grosses crevettes crues non décortiquées

2 cuill. à soupe d'huile d'olive

POUR LA MAYONNAISE
1 gousse d'ail
200 g de mayonnaise
2 citrons verts non traités
3 cuill. à soupe de coriandre fraîchement ciselée

ACCOMPAGNEMENT
pommes de terre au four
salade verte

MATERIEL
barbecue

1 Préparez la mayonnaise citronnée. Pelez l'ail, puis écrasez-le. Mettez la mayonnaise dans un bol et râpez finement le zeste de 1 citron au-dessus du bol. Pressez les citrons restants, puis versez le jus dans la sauce avec l'ail et la coriandre. Mélangez bien le tout, couvrez et réservez au frais.

2 Allumez un barbecue. Enfilez les crevettes sur 6 piques à brochettes, badigeonnez-les d'huile et mettez-les à cuire 3 ou 4 minutes de chaque côté. Retirez les crevettes des piques à brochettes puis servez-les accompagnées de mayonnaise, de pommes de terre et de salade.

Crevettes au piri-piri

Pour 6 personnes (en entrée)
Préparation et cuisson : 15 min
Marinade : 12 heures

18 grosses crevettes crues non décortiquées

POUR LA MARINADE
4 gousses d'ail
2 piments rouges
4 cuill. à soupe d'huile de tournesol
1/4 de cuill. à café de sel
1/2 cuill. à café de paprika

ACCOMPAGNEMENT
chutney ou sauce à la menthe

MATERIEL
barbecue ou gril

1 Pressez l'ail. Épépinez et émincez les piments. Mélangez l'huile avec l'ail, les piments, le sel et le paprika. Retournez les crevettes dans ce mélange et laissez mariner 12 heures au réfrigérateur.

2 Allumez un barbecue ou faites chauffer un gril à feu vif. Faites cuire les crevettes séparément ou enfilées par trois sur six piques à brochettes. Quelques minutes de cuisson de chaque côté suffisent pour que les crevettes passent du rose grisé au rose vif. Servez avec du chutney ou de la sauce à la menthe.

Espadon et sauce piquante à la mangue

Pour 2 personnes
Préparation et cuisson : 15 min

2 steaks d'espadon
de 100 g chacun

1 cuill. à soupe d'huile d'olive
sel et poivre du moulin

POUR LA SAUCE PIQUANTE
À LA MANGUE
1/2 mangue mûre
2 oignons blancs
1 piment rouge
1 poignée de coriandre
le zeste et le jus de 1/2 citron

ACCOMPAGNEMENT
feuilles de salade

MATERIEL
barbecue ou gril

1 Huilez, salez et poivrez le poisson. Allumez un barbecue ou faites chauffer un gril à feu vif. Faites cuire le poisson 1 minute de chaque côté, jusqu'à ce qu'il soit grillé à l'extérieur et rosé à l'intérieur.

2 Préparez la sauce piquante. Pelez et coupez la mangue en morceaux. Émincez les oignons et le piment. Ciselez la coriandre. Mélangez la mangue, les oignons, le piment, la coriandre, avec le zeste et le jus de citron. Servez avec le poisson grillé et quelques feuilles de salade.

Maquereaux épicés et sauce à l'orange

Pour 4 personnes
Préparation et cuisson : 30 min
Marinade : 10 min

4 maquereaux préparés

POUR LA MARINADE
1 piment rouge
1 échalote
1 cuill. à café de grains de poivre noir
1 cuill. à café de graines de coriandre
1 orange non traitée

POUR LA SAUCE À L'ORANGE
3 oranges non traitées
1 cuill. à café de moutarde à l'ancienne
1 cuill. à soupe de miel liquide

ACCOMPAGNEMENT
120 g de cresson, de pousses d'épinards et de roquette

MATERIEL
barbecue ou gril

1 Épépinez le piment et hachez-le. Pelez l'échalote, puis émincez-la. Écrasez le poivre et la coriandre dans un mortier. Râpez le zeste de une demi-orange, puis mélangez-le au poivre et à la coriandre, avec la moitié du piment haché. Incisez légèrement la peau des maquereaux, puis faites pénétrer le mélange d'épices dans la chair pendant 10 minutes.

2 Allumez un barbecue ou faites chauffer un gril à feu vif. Pelez les oranges à vif. Passez un couteau entre les membranes et la chair, pour extraire tous les quartiers. Recueillez le jus dans un bol. Prélevez 4 cuillerées à soupe de jus d'orange, versez-le dans un bol, puis mélangez-le avec la moutarde, le miel et le reste de piment. Réservez la sauce.

3 Faites cuire les maquereaux pendant 8 minutes. Pendant ce temps, répartissez les feuilles de salade dans quatre assiettes, puis garnissez-les d'orange et d'échalote. Nappez de sauce, puis servez avec les maquereaux.

Langoustines et beurre aux noisettes

Pour 2 personnes
Préparation et cuisson : 20 min

10 petites langoustines ou grosses crevettes

POUR LE BEURRE AUX NOISETTES
1 cuill. à soupe de noisettes décortiquées
quelques feuilles de persil frais
25 g de beurre à température ambiante
1 cuill. à café d'huile d'olive
sel et poivre du moulin

MATERIEL
barbecue ou gril

1 Mettez dix piques à brochettes en bois à tremper dans un saladier rempli d'eau. Détachez la tête des langoustines et décortiquez-les en partie, en laissant l'extrémité de la queue intacte, puis incisez légèrement le dos et retirez la veine noire. Enfilez-les sur les brochettes.

2 Faites griller les noisettes dans une poêle à sec, puis râpez-en la moitié et hachez grossièrement le reste. Ciselez finement le persil, puis mettez-le dans une petite casserole avec le beurre et les noisettes. Assaisonnez et réservez.

3 Au moment de servir, faites fondre le beurre à feu doux en le mélangeant avec le persil et les noisettes. Allumez un barbecue ou faites chauffer un gril à feu vif. Huilez les langoustines et mettez-les à griller 1 ou 2 minutes en les retournant. Disposez les brochettes dans un plat de service, recouvrez de la moitié du beurre aux noisettes et servez le reste dans une coupelle.

Poisson grillé et salade de tomates

Pour 2 personnes
Préparation et cuisson : 10 à 15 min

2 filets de poisson de 140 g (cabillaud, flétan...), avec la peau

POUR LA SALADE
2 tomates bien mûres
1 oignon rouge
1 avocat bien mûr
3 cuill. à soupe d'huile d'olive
le jus de 1/2 citron ou 1 citron vert
1 petit bouquet de coriandre fraîche, feuilles uniquement
sel et poivre du moulin

MATERIEL
barbecue ou gril

1 Coupez les tomates en morceaux. Émincez l'oignon. Coupez l'avocat en deux et ôtez le noyau. À l'aide d'une cuillère, creusez la chair et réunissez les morceaux dans un saladier. Ajoutez en mélangeant délicatement tous les autres ingrédients (excepté le poisson) dans le saladier, puis réservez.

2 Allumez un barbecue ou faites chauffer un gril à feu vif. Salez et poivrez le poisson, puis arrosez-le d'un filet d'huile d'olive. Faites cuire 2 ou 3 minutes de chaque côté, jusqu'à ce qu'il soit grillé et bien cuit. Servez avec la salade de tomates et d'avocat.

Poisson tikka

Pour 6 personnes
Préparation et cuisson : 25 min
Marinade : 30 min minimum

2 dorades entières de 900 g environ chacune (ou 6 steaks de thon ou autre poisson bien charnu)

1 morceau de gingembre de 3 cm
4 gousses d'ail

POUR LA MARINADE
6 cuill. à soupe de yaourt nature
2 cuill. à soupe d'huile d'olive
2 cuill. à café de curcuma
2 cuill. à café de piment doux en poudre
3 cuill. à café de graines de cumin
sel et poivre du moulin

ACCOMPAGNEMENT
salade
riz blanc
chutney de mangue

MATERIEL
barbecue ou gril

1 Incisez la peau du poisson de chaque côté avec un couteau tranchant. Râpez le gingembre. Pressez l'ail. Mélangez le gingembre et l'ail, salez, puis frottez le poisson entier (ou les steaks de poisson) avec cette préparation.

2 Mélangez le yaourt avec l'huile et les épices ; salez et poivrez. Retournez le poisson dans ce mélange et glissez-en également à l'intérieur, puis mettez-le au réfrigérateur jusqu'au moment de le cuire.

3 Allumez un barbecue ou faites chauffer un gril à feu moyen. Faites cuire directement sur la grille du barbecue de 6 à 8 minutes de chaque côté pour le poisson entier, 2 ou 3 minutes pour les steaks de poisson. Accompagnez de salade, de riz et de chutney de mangue.

Rougets à la chermoula

Pour 4 personnes
Préparation et cuisson : 15 min
Marinade: 1 h minimum

4 gros filets de rougets ou 8 petits, avec leur peau

PIOUR LA CHERMOULA
1 bouquet de persil plat
1 bouquet de coriandre
2 gousses d'ail
1 cuill. à café de paprika
1 cuill. à café de cumin en poudre
le jus et le zeste de 1 citron
6 cuill. à soupe d'huile d'olive
1 pincée de gros sel

MATERIEL
barbecue ou gril

1 Pour préparer la chermoula, hachez finement le persil et la coriandre et pilez l'ail. Mélangez-les dans un bol avec les épices, le zeste et le jus de citron, l'huile, plus une bonne pincée de gros sel. Dans un grand plat, déposez les filets de rouget, sur une seule épaisseur, et versez la chermoula dessus. Laissez mariner au moins 1 heure.

2 Allumez un barbecue ou faites chauffer un gril à feu vif. Sortez les filets de la marinade et déposez-les sur une feuille d'aluminium, côté peau sur le dessus. Laissez-les griller jusqu'à ce qu'ils soient cuits. Versez un peu de marinade dessus et remettez brièvement sous le gril avant de servir.

Sardines et salade sicilienne au fenouil

Pour 2 personnes
Préparation et cuisson : 20 min

4 grosses sardines préparées

POUR LA SALADE
1 bouquet de persil
1 tête d'ail
1 poignée d'olives vertes
le zeste et le jus de 1 citron
1 bulbe de fenouil avec les feuilles
50 g de pignons de pin grillés
50 g de raisins secs
3 cuill. à soupe d'huile d'olive
1 poignée de sel de mer

MATERIEL
barbecue ou gril

1 Ciselez la moitié des feuilles de persil, puis émincez la tête d'ail et les olives. Mélangez le zeste de citron, le persil ciselé et l'ail, puis réservez. Ôtez les feuilles du fenouil et réservez. Coupez le bulbe de fenouil en deux puis tranchez-le finement. Mélangez-le avec les feuilles de fenouil, les pignons de pin, les raisins secs, les olives et le reste de persil. Arrosez d'huile d'olive et de jus de citron.

2 Allumez un barbecue ou faites chauffer un gril à feu vif. Salez le poisson pour éviter qu'il ne colle. Faites cuire 2 ou 3 minutes de chaque côté, arrosez-les du mélange à base de persil et transférez-les sur des assiettes. Arrosez de l'huile restante et servez avec la salade.

Steaks de thon et purée de pommes de terre

Pour 2 personnes
Préparation et cuisson : 30 min
Marinade : 20 min à 2 h

2 steaks de thon de 140 g chacun

100 g de fèves
ou de graines de soja surgelées

POUR LA MARINADE
3 cuill. à soupe de sauce soja
1 cuill. à soupe de vinaigre de riz
1 cuill. à soupe de sucre en poudre

POUR LA PURÉE
500 g de pommes de terre
10 cl de lait demi-écrémé
2 cuill. à café de wasabi
1 oignon nouveau

MATERIEL
gril

1 Préparez la marinade. Dans un plat creux, mélangez la sauce soja avec le vinaigre et le sucre. Disposez le thon dans la marinade, puis réservez au frais de 20 minutes à 2 heures.

2 Pendant ce temps, pelez les pommes de terre et coupez-les en deux. Mettez-les dans une casserole d'eau salée, puis portez à ébullition et laissez mijoter de 10 à 15 minutes. Ajoutez les fèves dans l'eau 5 minutes avant la fin du temps de cuisson.

3 Égouttez les légumes dans une passoire. Faites chauffer le lait dans la casserole, ajoutez le wasabi et remuez. Remettez les pommes de terre dans la casserole, puis écrasez-les à l'aide d'une fourchette jusqu'à l'obtention d'une purée lisse. Émincez l'oignon, incorporez-le à la purée et réservez-la au chaud.

4 Faites chauffer un gril à feu vif. Faites griller le thon 2 ou 3 minutes de chaque côté et servez-le avec les fèves et la purée.

Steaks de thon et salsa aux avocats

Pour 2 personnes
Préparation et cuisson : 20 min

2 steaks de thon

POUR LA SALSA
2 tomates
1 avocat
1/2 oignon rouge
1 piment
1 citron vert (1/2 pour le jus et 1/2 coupé en quartiers)
1 cuill. à soupe d'huile d'olive
2 poignées de roquette
sel et poivre du moulin

MATERIEL
barbecue ou gril

1 Allumez un barbecue ou faites chauffer un gril à feu vif. Huilez, salez et poivrez les steaks de thon. Saisissez-le 2 minutes de chaque côté.

2 Concassez les tomates, émincez l'avocat, hachez finement l'oignon puis épépinez et émincez le piment. Dans un saladier, mélangez ces ingrédients avec le jus de citron vert et l'huile d'olive, puis ajoutez la roquette. Servez cette salade avec le thon et les quartiers de citron.

Steaks de thon aux tomates et aux pommes de terre

Pour 4 personnes
Préparation et cuisson : 40 à 45 min
Marinade : 20 min

4 steaks de thon

500 g de pommes de terre nouvelles
2 poivrons rouges
1 piment vert
1 oignon rouge
1 cuill. à café d'huile d'olive
400 g de tomates cerises
sel et poivre du moulin

POUR LA MARINADE
2 gousses d'ail
1 cuill. à café d'huile d'olive
quelques brins de thym frais

MATERIEL
barbecue ou gril

1 Allumez un barbecue ou faites chauffer un gril à feu vif. Pressez 2 gousses d'ail. Transférez le thon dans un plat à gratin à fond épais avec l'huile, les l'ail et les feuilles d'un brin de thym. Laissez mariner.

2 Coupez les pommes de terre en rondelles de 1 cm d'épaisseur. Épépinez et coupez en morceaux les poivrons et le piment. Coupez l'oignon en huit quartiers. Mettez les pommes de terre, les poivrons, le piment et l'oignon dans le plat à rôtir chaud avec le reste d'huile, remuez pour bien enrober, puis placez le plat à gratin sur le barbecue pendant 20 minutes. Ajoutez le reste d'ail et les brins de thym, laissez-les grésiller, puis versez les tomates, mélangez et prolongez la cuisson de 5 minutes. Assaisonnez à votre convenance.

3 Essuyez le poisson avec du papier absorbant en éliminant la plupart de la marinade à l'ail, salez et poivrez, puis saisissez 1 minute de chaque côté directement sur le barbecue ou le gril pour une cuisson à point. Servez le poisson sur les légumes.

Thon grillé aux haricots verts et salsa verte

Pour 4 personnes
Préparation et cuisson : 15 min

4 tranches de thon

POUR LA SALSA VERTE
1 petit bouquet de persil
1 petit bouquet de basilic
4 filets d'anchois
2 cuill. à soupe de câpres rincées et égouttées
1 gousse d'ail
le jus de 1 citron
15 cl d'huile d'olive
sel et poivre du moulin

ACCOMPAGNEMENT
300 g de haricots verts équeutés
200 g de tomates cerises
2 cuill. à soupe de feuilles d'estragon

MATERIEL
barbecue ou gril

1 Préparez la salsa verte : mélangez au mixeur le persil, le basilic, les anchois, les câpres, l'ail, le citron et l'huile d'olive. Salez et poivrez.

2 Dans une casserole d'eau bouillante, faites cuire les haricots verts puis égouttez-les. Quand ils sont tendres, mélangez-les à quelques cuillerées à soupe de salsa. Coupez les tomates cerises en deux et ajoutez-les.

3 Allumez un barbecue ou faites chauffer un gril à feu vif. Faites cuire le thon 2 ou 3 minutes de chaque côté. Servez sur un lit de haricots, en arrosant d'un peu de salsa et en parsemant d'estragon haché.

LÉGUMES & ACCOMPAGNEMENTS

Artichauts grillés au citron

Pour 2 bocaux de 45 cl
Préparation et cuisson : 1 h 20

le jus et le zeste de 1 citron non traité
20 petits artichauts
1/2 citron
25 cl de vinaigre de vin blanc
55 cl d'huile d'olive
2 cuill. à café de poivre en grains
sel et poivre du moulin

MATERIEL
plancha

1 Versez le jus de citron dans un saladier d'eau froide. Retirez les feuilles externes des artichauts, cassez la tige à 5 cm de la base et coupez le reste en quatre. Frottez les zones coupées avec le citron, puis plongez les artichauts dans l'eau citronnée.

2 Portez une grande casserole d'eau à ébullition. Ajoutez 10 cl de vinaigre et les artichauts, puis laissez mijoter 18 minutes. Égouttez les artichauts et mettez-les dans un autre saladier. Ajoutez 2 cuillerées à soupe d'huile, assaisonnez, puis remuez le tout.

3 Faites chauffer une plancha à feu vif. Faites griller les quartiers d'artichaut. Dans une casserole, laissez chauffer le reste d'huile d'olive avec le zeste de citron et le poivre en grains. Quand le zeste commence à grésiller, retirez-le à l'aide d'une écumoire et réservez-le. Portez le reste de vinaigre à frémissement dans une poêle. Répartissez les artichauts et le zeste de citron dans des bocaux stérilisés encore chauds. Arrosez de vinaigre chaud, couvrez d'huile chaude, puis fermez les pots et laissez refroidir.

Aubergines marinées grillées à la feta et aux herbes

Pour 4 personnes
Préparation et cuisson : 20 min

2 grosses aubergines
6 cuill. à soupe d'huile d'olive
le jus de 1 citron
1 gousse d'ail pilée
200 g de feta
1 bonne poignée de persil plat
1 bonne poignée de feuilles de coriandre
sel et poivre du moulin

MATERIEL
plancha

1 Faites chauffer une plancha à feu vif. Coupez les aubergines en tranches dans le sens de la longueur. Badigeonnez-les avec 1 cuillerée à soupe d'huile d'olive et faites-les griller sur la plancha, jusqu'à ce qu'elles soient tendres et complètement cuites. Disposez-les sur un plat.

2 Mélangez le jus de citron et l'ail pilé avec le reste d'huile d'olive, du sel et du poivre. Arrosez les aubergines avec ce mélange et laissez les arômes se mêler pendant 5 minutes.

3 Avant de servir, émiettez la feta et ciselez le persil et la coriandre. Parsemez le tout sur les aubergines et servez aussitôt.

Brochettes de feta et de tomates

Pour 2 personnes
Préparation et cuisson : 15 min

1 citron et le zeste de 1/2 citron
200 g de feta allégée
1/2 baguette coupée en dés
8 tomates cerises
2 brins de romarin frais
1 cuill. à soupe d'huile d'olive

MATERIEL
barbecue

1 Coupez 1/2 citron en quartiers et l'autre moitié en tranches. Détaillez la feta en huit morceaux. Munissez-vous de quatre piques à brochettes et enfilez sur chacune d'elles un dé de pain, un morceau de feta, une tranche de citron et une tomate cerise. Répétez l'opération en terminant par un morceau de pain.

2 Parsemez du zeste de citron et de romarin ciselé, puis arrosez d'huile. Faites griller au barbecue 1 ou 2 minutes de chaque côté, jusqu'à ce que la feta soit grillée. Servez avec les quartiers de citron.

Salade tiède aux pois chiches

Pour 4 personnes
Préparation et cuisson : 45 min

1 oignon rouge
2 courgette
1 poivron rouge, épépiné
375 g de tomates mûres
5 cuill. à soupe d'huile d'olivel
e jus de 1/2 citron
3 cuill. à soupe d'herbes mélangées (ciboulette, persil et menthe) ou 3 cuill. à soupe de persil
800 g de pois chiches en conserve, égouttés et rincés
100 g de feta coupée en cubes
sel et poivre du moulin

1 Préchauffez le four à 220 °C (therm. 7-8). Coupez l'oignon en quartiers, les courgettes en fines rondelles, le poivron en gros morceaux et les tomates en deux. Mettez le tout dans un plat peu profond allant au four peu profond ; poivrez. Ajoutez 2 cuillerées à soupe d'huile d'olive et remuez bien. Laissez rôtir pendant 30 minutes, en remuant à mi-cuisson, jusqu'à ce que les légumes commencent à brunir.

2 Pendant ce temps, mélangez le jus de citron et le reste d'huile d'olive. Salez, poivrez et ajoutez les herbes.

3 Quand les légumes sont cuits, laissez-les refroidir 5 minutes, puis mettez-les dans un saladier avec les pois chiches, la feta et la sauce. Mélangez délicatement avant de servir. Les restes de cette salade sont délicieux froids, servis avec des pains pitas.

Salade de betteraves, feta et asperges

Pour 6 personnes
Préparation et cuisson : 30 min

POUR LA SAUCE
1 bonne poignée d'origan frais ou de marjolaine
1 gousse d'ail
le jus de 1 ½ citron
4 cuill. à soupe d'huile d'olive vierge extra
sel et poivre du mouli
250 g d'asperges
500 g de betteraves cuites
2 oignons nouveaux
le zeste râpé de 1 citron
85 g de cresson débarrassé des tiges les plus grosses
20 feuilles de basilic vert ou rouge (ou mélangé)
400 g de feta ou de fromage de chèvre

1 Préparez la sauce : à l'aide d'un robot ménager, réduisez en purée l'origan ou la marjolaine, l'ail avec une pincée de sel. Ajoutez le jus de citron et l'huile d'olive. Mélangez et rectifiez l'assaisonnement, si nécessaire.

2 Coupez les asperges en tronçons de 3 cm et faites-les cuire 3 minutes dans de l'eau bouillante salée. Égouttez-les et passez-les sous l'eau froide pour les rafraîchir.

3 Coupez les betteraves en quartiers et les oignons en fines rondelles. Mettez-les dans un saladier, avec les deux tiers de la sauce, le zeste de citron et le cresson ; remuez. Ajoutez les feuilles de basilic coupées en petits morceaux, puis les asperges ; poivrez. Goûtez avant d'ajouter du sel car le fromage est déjà salé. Mélangez délicatement : tout ne doit pas devenir rose. Disposez sur un plat de service. Émiettez le fromage par-dessus et terminez en versant le reste de sauce.

Couscous au citron et à la coriandre

Pour 4 personnes
Préparation et cuisson : 15 min

250 g de couscous
30 cl de bouillon de légumes chaud
40 g de coriandre fraîche hachée
le zeste finement râpé de 1 citron
1 poignée de raisins secs
4 cuill. à soupe de pignons de pin grillés
1 filet d'huile d'olive
sel et poivre du moulin

1 Mettez le couscous dans un grand saladier, versez dessus le bouillon et remuez. Couvrez et laissez gonfler 4 minutes. Puis séparez les grains du couscous en remuant à la fourchette.

2 Hachez la coriandre. Incorporez-la au couscous avec le zeste de citron, les raisins secs et les pignons de pin grillés.

3 Assaisonnez et arrosez d'un filet d'huile d'olive.

Aubergine et sauces au yaourt et à la tomate

Pour 2 personnes
Préparation et cuisson : 30 min

1 grosse aubergine
3 cuill. à soupe d'huile d'olive
150 g de tomates cerises
1 gousse d'ail
1 pincée de piment en poudre
1 yaourt nature allégé
1 cuill. à soupe de feuilles de menthe fraîche
sel et poivre du moulin

ACCOMPAGNEMENT
quelques feuilles de menthe (facultatif)

MATERIEL
barbecue ou gril

1 Ôtez les extrémités de l'aubergine, puis coupez-la en six tranches épaisses dans le sens de la longueur. Assaisonnez généreusement et badigeonnez de 2 cuillerées à soupe d'huile. Coupez les tomates cerises en deux. Pressez l'ail.

2 Faites chauffer le reste d'huile dans une petite poêle et versez-y les tomates, l'ail et le piment en poudre ; salez légèrement. Laissez mijoter 3 ou 4 minutes à feu doux, jusqu'à ce que les tomates soient ramollies.

3 Dans un bol, mélangez le yaourt avec la menthe ciselée, du sel et du poivre.

4 Allumez un barbecue ou faites chauffer un gril à feu vif. Faites cuire les tranches d'aubergine 5 ou 6 minutes de chaque côté, jusqu'à ce qu'elles ramollissent et prennent une jolie couleur dorée. Servez trois tranches d'aubergine par personne, arrosées de yaourt à la menthe, éventuellement décorées de feuilles de menthe, et accompagnées de sauce à la tomate.

Salade de couscous aux légumes

Pour 4 personnes
Préparation et cuisson : de 25 à 30 min

250 g de couscous
30 cl de bouillon de légumes chaud (frais, ou à partir d'un cube de bouillon)
250 g de tomates cerises
175 g de champignons de Paris
1/2 botte d'oignons nouveaux
1 bonne poignée de basilic
2 cuill. à soupe d'huile d'olive
3 ou 4 cuill. à soupe de pesto en bocal
1 poignée de noisettes, pignons, et amandes grillés en mélange
sel et poivre du moulin

1 Mettez le couscous dans un grand saladier et versez le bouillon dessus. Couvrez d'un film alimentaire et laissez gonfler 4 minutes.

2 Coupez les tomates en deux et tranchez finement les champignons, les oignons nouveaux et le basilic. Quand le couscous a gonflé, remuez-le à la fourchette pour séparer les grains, puis incorporez l'huile et le pesto, selon votre goût.

3 Ajoutez tous les légumes et le basilic, les noisettes, amandes et pignons grillés. Goûtez et rectifiez l'assaisonnement si nécessaire. (Cette salade se conserve jusqu'à 1 journée au réfrigérateur.)

Bruschetta de polenta à la tapenade

Pour 6 personnes
Préparation et cuisson : 30 min
Temps de repos : 1 h

70 cl de bouillon de légumes
140 g de polenta instantanée
2 cuill. à soupe de basilic frais
huile d'olive
9 cuill. à café de tapenade
9 tomates séchées
sel et poivre du moulin

ACCOMPAGNEMENT
100 g de feuilles de salades mélangées

MATERIEL
barbecue ou gril

1 Dans une casserole, portez le bouillon à ébullition, puis laissez mijoter à feu doux. Sans cesser de remuer, versez la polenta d'un seul coup et laissez cuire 5 minutes, jusqu'à ce qu'elle épaississe. Ajoutez en remuant le basilic ciselé, salez et poivrez. Transférez dans un plat à rôtir creux huilé de 24 x 18 cm. Laissez durcir pendant 1 heure.

2 Coupez la polenta en neuf rectangles de 8 x 6 cm, puis chaque rectangle en deux diagonalement pour former des triangles. Allumez un barbecue ou faites chauffer un gril à feu vif. Badigeonnez chaque triangle d'huile et faites cuire 4 ou 5 minutes de chaque côté, jusqu'à ce que la polenta soit croustillante et dorée.

3 Garnissez chaque triangle de 1/2 cuillerée à café de tapenade et d'une demi-tomate séchée. Servez chaud sur un lit de feuilles de salade.

Brochettes de halloumi au citron

Pour 4 personnes
Préparation et cuisson : 20 min
Marinade : 15 min

250 g de halloumi
(fromage grec de type feta)

POUR LA MARINADE
2 cuill. à soupe d'huile d'olive
1 brin de romarin frais
1 citron
1 oignon rouge
1 courgette
sel et poivre du moulin

ACCOMPAGNEMENT
houmous (facultatif)
semoule (facultatif)

MATERIEL
barbecue

1 Mélangez l'huile d'olive et le romarin ciselé dans un saladier. Râpez le zeste et pressez le jus de la moitié du citron puis incorporez-les dans le saladier. Assaisonnez à votre convenance. Coupez le halloumi en gros morceaux, mettez-les dans le saladier en mélangeant de manière à bien les enrober de marinade. Couvrez et laissez reposer 15 minutes.

2 Coupez l'autre moitié du citron en quatre, puis chaque quartier en deux. Détaillez l'oignon en huit quartiers et la courgette en huit morceaux. Retirez les morceaux de halloumi de la marinade et enfilez-les sur quatre piques à brochettes en métal avec les morceaux d'oignon rouge, de citron et de courgette. Faites cuire de 5 à 10 minutes au barbecue en retournant de temps en temps et en badigeonnant du reste de marinade. Servez éventuellement avec du houmous et de la semoule.

Salade de nouilles et légumes sautés

Pour 4 personnes
Préparation et cuisson : 25 min

250 g de nouilles chinoises aux œufs
4 cuill. à soupe d'huile de sésame
2 poivrons rouges
2 carottes
250 g de tofu
1 morceau de gingembre de 4 cm
2 gousses d'ail
1 botte d'oignons blancs
4 feuilles de citron vert
6 cuill. à soupe de sauce soja
2 grosses poignées de germes de soja
1 gros bouquet de coriandre fraîche

POUR LA VINAIGRETTE
4 feuilles de citron vert
15 cl de vinaigre de vin de riz (ou de vinaigre de cidre)
2 tiges de citronnelle
1 petit morceau de piment rouge frais
2 cuill. à soupe de sucre roux en poudre

1 Préparez la vinaigrette : réunissez tous les ingrédients dans une petite casserole et portez à ébullition. Laissez bouillir pendant 1 minute, puis retirez du feu et laissez infuser.

2 Faites cuire les nouilles, puis égouttez-les et mélangez-les avec 3 cuillerées à soupe d'huile de sésame. Laissez refroidir, en remuant de temps en temps pour que les pâtes ne collent pas.

3 Tranchez finement les poivrons. Coupez les carottes en bâtonnets et le tofu en dés. Émincez le gingembre, l'ail et les oignons. Coupez les citrons en tout petits dés. Faites chauffer le reste d'huile de sésame dans un wok et faites sauter les poivrons, les carottes, le gingembre et l'ail pendant 1 minute. Versez les nouilles dans un saladier avec les feuilles de citron vert et le reste des ingrédients – en réservant une poignée de coriandre. Arrosez de vinaigrette et remuez bien. Ajoutez les légumes sautés et parsemez du reste de coriandre.

Aubergines farcies et sauce à la coriandre

Pour 2 personnes
Préparation et cuisson : 45 min

1 aubergine moyenne
2 cuill. à café d'huile d'olive
le jus de 1 citron
100 g de semoule
30 cl de bouillon de légumes bien chaud
85 g d'abricots secs
4 tomates séchées dans l'huile
3 oignons blancs
25 g de pignons de pin grillés
1 pincée de cannelle en poudre
sel et poivre du moulin

POUR LA VINAIGRETTE
1 gousse d'ail
4 cuill. à soupe bombées de yaourt à la grecque
2 cuill. à café de jus de citron frais
1 morceau de gingembre de 3 cm
1 petite poignée de coriandre fraîche ciselée

ACCOMPAGNEMENT
feuilles de salade

MATERIEL
barbecue

1 Coupez l'aubergine en deux sur la longueur et entaillez la chair avec un couteau. Mélangez l'huile d'olive, le jus de citron, salez et poivrez, puis badigeonnez l'aubergine avec ce mélange. Faites cuire de 15 à 20 minutes au barbecue, côté chair vers le bas, couvert d'un plat à rôtir retourné.

2 Versez la semoule et le bouillon dans un grand saladier et attendez 10 minutes que tout le liquide ait été absorbé. Coupez les abricots secs et les tomates séchées en gros morceaux, puis émincez les oignons. Incorporez les abricots, les tomates, les oignons blancs, les pignons de pin et la cannelle dans le saladier.

3 Creusez la chair de l'aubergine à l'aide d'une cuillère, en gardant la peau intacte. Coupez la chair en morceaux et ajoutez-la à la semoule ; salez et poivrez. Remplissez l'aubergine du mélange de semoule et transférez les restes dans un bol.

4 Préparez la vinaigrette. Pressez l'ail et mélangez tous les ingrédients. Versez sur les aubergines et servez avec de la salade.

Taboulé de feta à l'aubergine

Pour 4 personnes
Préparation et cuisson : 30 min

140 g de boulgour
2 gousses d'ail
2 aubergines
4 cuill. à soupe d'huile d'olive
140 g de tomates cerises
1 oignon rouge
100 g de feta
400 g de pois chiches en conserve
1 gros bouquet de menthe fraîche
le jus de 1 ½ citron
sel et poivre du moulin

MATERIEL
barbecue ou gril

1 Faites cuire le boulgour, puis égouttez-le bien. Pressez les gousses d'ail. Tranchez les aubergines dans le sens de la longueur.

2 Dans un petit saladier, mélangez l'ail et l'huile d'olive, puis badigeonnez les tranches d'aubergine des deux côtés avec la moitié du mélange ; salez et poivrez. Allumez un barbecue ou faites chauffer un gril à feu vif. Saisissez les tranches d'aubergine jusqu'à ce qu'elles soient grillées.

3 Coupez les tomates cerises en deux, l'oignon en morceaux puis émiettez la feta. Versez le boulgour dans un grand saladier avec les pois chiches égouttés, les tomates, l'oignon, la feta et la menthe, puis arrosez du mélange d'huile à l'ail restant et de jus de citron. Mélangez, assaisonnez bien, puis répartissez dans des assiettes avec les tranches d'aubergine grillées.

Salade de tomates aux haricots secs

Pour 6 personnes
Préparation : 15 min

500 g de tomates cerises
2 petites courgettes vertes ou jaunes (300 g environ)
1 petit oignon rouge
15 à 20 g de coriandre fraîche
420 g de haricots de Lima en conserve, égouttés et rincés
3 cuill. à soupe d'huile d'olive
1 cuill. à soupe de jus de citron
1 cuill. à café de cumin en poudre
sel et poivre du moulin

1 Coupez les tomates cerises en deux et les courgettes en dés ; émincez l'oignon et hachez la coriandre. Placez le tout avec les haricots dans un saladier. Assaisonnez avec l'huile et le jus de citron ; saupoudrez de cumin et mélangez bien.

2 Couvrez et laissez à température ambiante jusqu'au moment de servir. (Cette salade peut parfaitement être préparée la veille et conservée au réfrigérateur. En ce cas, laissez-la un moment à température ambiante et remuez bien avant de servir.)

Légumes d'été grillés et marinés

Pour 10 personnes
Préparation et cuisson : 50 min

3 aubergines
3 courgettes
4 oignons rouges
2 gousses d'ail
4 poivrons rouges
1 gros bouquet de persil plat ciselé
sel et poivre du moulin

POUR LA VINAIGRETTE
10 cl d'huile d'olive
5 cuill. à soupe de vinaigre de xérès

MATERIEL
barbecue ou gril

1 Préparez la vinaigrette : battez au fouet l'huile et le vinaigre de xérès dans un grand saladier ; salez et poivrez.

2 Coupez les aubergines, les courgettes et les oignons en rondelles de l'épaisseur d'un doigt. Pressez l'ail. Allumez un barbecue ou faites chauffer un gril à feu vif. Faites noircir les poivrons de toutes parts. Transférez-les dans un saladier et couvrez d'une assiette, jusqu'à ce que les poivrons aient suffisamment refroidi pour être manipulés.

3 Faites cuire les autres légumes sans ajouter d'huile, jusqu'à ce qu'ils soient bien grillés et ramollis. Dès qu'ils sont cuits, retournez-les dans la vinaigrette, en séparant les oignons en anneaux. Pelez les poivrons, en réservant le jus dans un bol, épépinez-les et coupez-les en lamelles. Mélangez-les avec les autres légumes, puis arrosez le tout de jus. Laissez refroidir, salez et poivrez.

4 Saupoudrez de persil et d'ail, mélangez bien puis servez. Cette salade peut se garder 2 jours au réfrigérateur.

Asperges grillées à l'ail

Pour 4 personnes
Préparation et cuisson : 20 min

350 g d'asperges
2 cuill. à soupe d'huile d'olive
1 cuill. à soupe de câpres
1 gousse d'ail
le jus de 1/2 orange
sel

MATERIEL
plancha ou gril

1 Faites chauffer une plancha ou un gril. Épluchez les asperges, badigeonnez-les d'huile d'olive et faites-les griller pendant 2 ou 3 minutes.

2 Rincez les câpres, puis égouttez-les. Détaillez l'ail en fines lamelles. Parsemez les asperges de câpres et d'ail, puis laissez cuire de 8 à 10 minutes, jusqu'à ce que les asperges soient bien tendres. Arrosez de jus d'orange, salez et servez bien chaud.

Salade de tomates à la coriandre

Pour 6 personnes
Préparation : 15 min

500 g de tomates cerises
2 petites courgettes vertes ou jaunes (300 g environ)
1 petit oignon rouge
15 à 20 g de coriandre fraîche
420 g de haricots de Lima en conserve, égouttés et rincés
3 cuill. à soupe d'huile d'olive
1 cuill. à soupe de jus de citron
1 cuill. à café de cumin en poudre
sel et poivre du moulin

1 Épépinez les tomates et le concombre puis coupez-les en morceaux. Émincez l'oignon. Mélangez les morceaux de tomates avec les dés de concombre, l'oignon et la coriandre ciselée et mettez au réfrigérateur jusqu'au moment de servir. Vous pouvez laisser au frais pendant un jour au maximum avant d'assaisonner et de servir.

2 Juste avant de déguster, salez et poivrez. Remuez bien le tout une dernière fois et servez avec des hamburgers, du poulet ou du poisson grillé au barbecue.

Aubergines grillées au yaourt et à la menthe

Pour 4 personnes
Préparation et cuisson : 30 min

4 petites aubergines
2 gousses d'ail
2 cuill. à soupe d'huile d'olive
150 g de yaourt nature
le jus de 1/2 citron
1 petit bouquet de menthe
sel et poivre du moulin

MATERIEL
barbecue ou gril

1 Coupez les aubergines en rondelles de 1 cm d'épaisseur environ. Pressez l'ail. Arrosez les tranches d'aubergine d'huile d'olive, salez et poivrez légèrement puis mélangez bien. Faites chauffer une plancha ou un gril à feu vif. Faites griller les aubergines des deux côtés jusqu'à ce qu'elles soient tendres et légèrement brunies. Procédez en plusieurs fois. Laissez refroidir légèrement les aubergines grillées sur un plat de service.

2 Pendant ce temps, mélangez le yaourt avec le jus de citron, l'ail et la menthe grossièrement hachée. Salez et poivrez, puis versez cette sauce sur les aubergines grillées et servez à température ambiante.

Salade d'épinards à la feta

Pour 4 personnes
Préparation et cuisson : 25 min

250 g de couscous
30 cl de bouillon de légumes chaud
300 g de fèves surgelées
125 g de jeunes feuilles d'épinard
20 g de menthe fraîche
85 g d'olives noires
200 g de feta
1 filet d'huile d'olive
sel et poivre du moulin

1 Mettez le couscous dans un grand saladier, versez le bouillon de légumes bouillant dessus et remuez. Couvrez et laissez reposer 4 minutes. Séparez les grains de couscous à la fourchette.

2 Faites cuire les fèves 3 minutes à l'eau bouillante, puis égouttez-les. Mettez les épinards dans une passoire et passez-les à l'eau bouillante. Rafraîchissez-les sous l'eau froide et pressez-les pour les égoutter. Hachez les feuilles de menthe.

3 Ajoutez au couscous les fèves, les épinards, la menthe et les olives ; remuez bien. Émiettez la feta par-dessus, salez, poivrez et versez un filet d'huile d'olive. Remuez bien et servez.

Salade de semoule tricolore

Pour 4 personnes
Préparation : 15 min

200 g de semoule
2 cuill. à café de bouillon de légumes en poudre ou 1 cube de bouillon émietté
250 g de tomates cerises
150 g de mozzarella
2 avocats
1 poignée de feuilles de roquette ou d'épinards
sel et poivre du moulin

POUR LA VINAIGRETTE
1 cuill. à soupe bombée de pesto
1 cuill. à soupe de jus de citron frais
3 cuill. à soupe d'huile d'olive

1 Mélangez la semoule et le bouillon dans un saladier, arrosez de 30 cl d'eau bouillante, puis couvrez avec une assiette et laissez reposer 5 minutes. Coupez les tomates cerises en deux et la mozzarella en morceaux. Pelez, dénoyautez et coupez les avocats en morceaux.

2 Préparez la vinaigrette. Mélangez le pesto et le jus de citron, salez et poivrez, puis ajoutez petit à petit l'huile en remuant. Versez sur la semoule et mélangez à la fourchette.

3 Incorporez les tomates, les avocats et la mozzarella à la semoule puis mélangez l'ensemble. Avant de servir, ajoutez délicatement les feuilles de roquette ou d'épinards à la salade.

Figues au fromage de chèvre

Pour 6 personnes
Préparation et cuisson : 30 min

6 figues fraîches
200 g de fromage de chèvre frais coupé en tranches

POUR LA SAUCE
6 cuill. à soupe d'huile d'olive
3 cuill. à soupe de vinaigre balsamique
sel et poivre du moulin
1 cœur de chicorée rouge (trévise ou radicchio)
85 g de cerneaux de noix

1 Préchauffez le four à 180 °C (therm. 6). Coupez les figues en quartiers en partant du haut et en allant presque jusqu'à la base, puis ouvrez-les et disposez-les sur une feuille de papier sulfurisé huilé. Placez le fromage de chèvre au centre des figues.

2 Faites cuire de 10 à 15 minutes, jusqu'à ce que le fromage fonde et commence à dorer.

3 Pendant ce temps, préparez la sauce : mélangez l'huile et le vinaigre, salez et poivrez.

4 Disposez 2 belles feuilles de chicorée sur chaque assiette et placez les figues chaudes par-dessus. Parsemez de cerneaux de noix et d'un peu de sauce. Servez tiède ou à température ambiante.

Salade de feta aux pêches grillées

Pour 4 personnes
Préparation et cuisson : 10 min

1 citron vert
4 pêches
1 oignon rouge
200 g de mesclun
300 g de feta marinée
2 cuill. à soupe de menthe ciselée
sel et poivre du moulin

MATERIEL
gril

1 Faites chauffer un gril légèrement huilé. Pressez le citron vert. Coupez les pêches en quartiers sans les éplucher et arrosez-les du jus de citron vert. Posez les pêches sur la plancha et faites-les griller 2 ou 3 minutes en les retournant, jusqu'à ce qu'elles soient légèrement carbonisées.

2 Pelez et émincez l'oignon. Dans un saladier, réunissez l'oignon, la salade, la feta, 2 cuillerées à soupe de l'huile de marinade et la menthe. Mélangez bien. Salez et poivrez généreusement.

3 Répartissez la salade dans les assiettes et garnissez de pêches grillées. Donnez un tour de moulin à poivre et servez.

Index des recettes par ordre alphabétique

TABLE DES ÉQUIVALENCES FRANCE-CANADA

Poids	55 g	100 g	150 g	200 g	250 g	300 g	500 g	750 g	1 kg
	2 onces	3,5 onces	5 onces	7 onces	9 onces	11 onces	18 onces	27 onces	36 onces

Ces équivalences permettent de calculer le poids à quelques grammes près (en réalité, 1 once = 28 g).

Capacités	5 cl	10 cl	15 cl	20 cl	25 cl	50 cl	75 cl
	2 onces	3,5 onces	5 onces	7 onces	9 onces	17 onces	26 onces

Pour faciliter la mesure des capacités, une tasse équivaut ici à 25 cl (en réalité, 1 tasse = 8 onces = 23 cl).

Crédits photographiques

Philip Webb pages 19, 127, 181, 205, 207 ; Simon Wheeler pages 9, 21, 61, 67 ;
Elisabeth Parsons pages 11, 31, 51, 81, 99, 123, 145, 149, 155, 165, 193, 203 ;
Gareth Morgans pages 13, 23, 27, 43, 55, 53, 59, 71, 147, 209 ;
David Munns pages 15, 73, 82, 95, 109, 111, 117, 159, 177, 183, 191, 201, 211 ;
Peter Cassidy pages 17, 63, 87, 115, 167, 170, 175 ; Roger Stowell pages 7, 91, 93, 119, 137, 143, 185, 197 ;
William Lingwood page 25 ; Simon Walton pages 28, 65, 133, 173 ; Iain Bagwell page 33 ; Jean Cazals pages 35, 141 ;
Myles New pages 37, 39, 41, 47, 57, 69, 75, 77, 85, 107, 135, 151, 161, 187 ; Steve Baxter pages 49, 121, 153 ;
Michael Paul pages 163, 179 ; Will Heap pages 89, 187 ; Craig Robertson pages 97, 139 ;
Dawie Verwey pages 101, 105 ; Cameron Watt page 113 ; Chris Alack page 125 ; Ken Field page 129 ;
Dean Grennan page 195 ; Noel Murphy page 199.

Édition originale
Ces recettes ont été publiées pour la première fois par BBC books,
une marque de Ebury Publishing, un département de The Random House Group Ltd.

Édition française
Direction de la publication : Isabelle Jeuge-Maynart et Ghislaine Stora
Direction éditoriale : Agnès Busière
Édition : Amandine Brouard
Informatique éditoriale : Philippe Cazabet
Mise en page : Les PAOistes
Couverture : Émilie Laudrin

ISBN : 978-2-03-589919-4
Imprimé en Espagne par Cayfosa Impresia Iberica
Dépôt légal : mai 2014 - 314203/02 – 11030512 décembre 2014